人生啊 佛系就好

太急於求成，反而容易摔跤！
如果終點就在眼前，誰說一定要全力衝刺不可？

卓文琦，肖勝平——著

目錄

目錄

第九章　生活當中少不了糊塗

目錄

第十章　身處職場哪能那麼清楚

第十一章　運用廣泛的糊塗口才

第十二章　要糊塗，但不要一塌糊塗

附錄　《省心錄》中的糊塗密碼

前言

文學家林語堂先生曾精闢地指出：「現代人把人生看得太嚴肅，世界就充滿了苦惱。」

（一）

人生的複雜使人不可能在有限的時間裡洞悉世界的全部內涵。於是便有人唱了：「霧裡看花、水中望月，你能分辨這變幻莫測的世界？你能把握這搖曳多姿的季節？」並請求：「借我一雙慧眼吧，讓我把這紛擾看得清清楚楚、明明白白、真真切切！」

誰能借你一雙慧眼呢？這個世界本來就是交織的、混沌的，你愈是想看清，就愈會發現自己看不清。看不清卻偏要去看、去比較，結果只徒增諸多煩惱。於是有聰明人就提出來了——既然看不清，那我們就不去比較，乾脆糊塗一點吧。

（二）

一個剛升大學的孩子，新買的一箱泡麵老是被室友吃掉，有時是當面和他索要的，有時是悄悄拿走的。這個孩子是一個聰明人，當他發現這樣下去不行的時候，就改變了囤積泡麵的方式，想要吃泡麵的時候再去買一包，回到宿舍馬上就吃。他的「明白」讓他不再有所損失。但也帶來不少的麻煩；他必須三天兩頭地往超商跑，不管是颳風還是下雨。當室友們圍著一包零食「眾樂」時，他也不好意思分享……有一天，這個孩子終於明白了，就算自己每天損失一包泡麵，一個月也就損失一百多塊錢，而他為了堵住這一百多塊錢的損失所付出的代價遠遠不止這些。一明白這個道理，他就知道了，從此一箱一箱地買泡麵，也不再計較。他因此而得到的融洽、安樂的價值，要遠遠大於獨享泡麵的時刻。

就像上面提到的孩子一樣，人一旦真正明白，反而開始「裝傻」了；而裝傻之後，和身邊的人就相處和諧了。裝傻如一個燈籠，「明白」是其中燃燒的燈火。燈亮著，燈籠也亮著，便照亮了路；燈熄了，它也就如同深夜一般漆黑。燈籠之所以需要用紙包圍，只是因為燈火雖然明亮但過於微弱，還容易傷到他人與自己，因此需要適當地用紙隔離，這樣既保護了燈火也保護了自己和別人。明白也需要用「裝傻」來應付，既需要處世的智慧，又需要處世的勇氣。很多人一事無成，痛苦煩惱，就是自認為自己明白，缺乏「裝傻」的明白與勇氣。

(三)

古往今來，無數聖賢智者在參悟人生後，都發現了「糊塗」的影子。孔子發現了，取名「中庸」；老子發現了，取名「無為」；莊子發現了，取名「逍遙」；釋迦牟尼看見了，取名「忘我」；墨子看見了，取名「非攻」；東晉詩人陶淵明在東籬採菊時也發現了，但他提起筆時卻又忘記了——他也真傻，只好語焉不詳地說：「此中有真意，欲辨已忘言。」直到清代，才由名士鄭板橋振臂一呼，舉起一面「糊塗」大旗，高聲地宣稱——難得糊塗！

糊塗之難得，在於明白其中道理太難。糊塗是一種昇華，是心中有數卻不動聲色的涵養，是超脫物外、不沾塵世的氣度，是行雲流水、悠然自得的瀟灑，是甘居下風、謙讓豁達的胸懷。其實那些裝瘋賣傻的人，怎麼可能是真的糊塗？他們只是因為看清了、看透了，明白與清醒到了極致，在俗人的眼裡才成了糊塗而已。

有一種明白叫糊塗！一個人愈早明白糊塗對於人生的意義，就愈早坐上開往人生之春的列車。

第一章 因為明白，所以糊塗

在我們身邊，總是能見到一些自以為自己很明白的人。一點小小的瑕疵逃不過他的眼睛，一句隨意的話他能解讀出其中的各種深意，一點往事他念念不忘……這些所謂的明白人「糊塗」得讓與之打交道的人或小心翼翼，或敬而遠之。

世界絕不完美，人性總有弱點，要那麼「清楚」做什麼？一定要明白的話，要做到真正的明白，明白主管是因為擺架子教訓了你一頓，明白朋友是因為愛面子對你許了一個口頭上的諾言，明白妻子是因為愛漂亮而多花了幾百塊錢，明白孩子是因為不小心才打破了一個碗……一旦真的去明白，人就糊塗了，覺得根本就沒有多大值得計較的意義。反而「裝傻」之後，和身邊的人事物卻能和諧共處了。

只是因為心中太清楚了，知道自己不能什麼事都明白，於是就糊塗了。糊塗如一個燈籠，「明白」是其中燃燒的燈火。燈亮著，燈籠也亮著，便好照路；燈熄了，它也就如同深夜一般漆黑。燈籠之所以需要用紙包住，是因為燈火雖然明亮但過於微弱，容易傷到他人與自己，因此需要適當地用紙隔離，這樣既保護了燈火也保護了自己和別人。「明白」也需要「糊塗」隔離。為「明白」穿上「糊塗」的包裝，既需要處世的智慧，又需要處世的勇氣。很多人一事無成，痛苦煩惱，就是自認為自己明白，缺乏「裝傻」的明白與勇氣。

明白有些瑕疵不需要「看清」

在三十歲前，我的煩惱很多，這些煩惱大部分是源於「看見」——看到同事對上級的諂媚，看到妻子對家事的敷衍，看到朋友在背後耍小聰明……我看見了，看清了，心理上自然感到抵觸與憤怒，行為上也很難忍著不對那些「不良」行為口誅筆伐。可以想像，我的所作所為令自己與同事、妻子、朋友之間的關係經常處於緊張狀態。

當我陷入人際關係不和諧的泥沼時，我開始努力控制自己，試圖以此營造與外界和諧的美好氛圍。但這樣做的結果只有兩個。一，為了維持表面的和諧，我陷入壓抑與克制自己內心真實想法的苦悶之中，明明自己看不慣，還要假裝自己接受這一切，不是委屈自己嗎？二，當壓抑與克制到極點時，會突然爆發，結果鬧出更大的不快。

那時候，總喜歡把責任歸咎於他人，很少去想自己哪裡做得不對。有一次看到一句話：「如果你發現你身邊的一切都是錯的，那麼錯的一定是你自己。」想想這句話，還真是有道理。於是便向一位和藹的長者討教為人處世的技巧。長者聽完我的傾訴後，說：「年輕人啊，你的苦惱來自於你的『眼界』太好了。」

看著我不解的模樣，長者笑著繼續說：「你看，我現在是老花眼，看不清同事對主管的討好，看不清老婆打掃的隨便，也看不清朋友的小聰明，所以也就眼不見心不煩。」

原來，年長的人要比年輕人更平和、淡定，是源於歲月洗禮下的「看不清」。而這種「看不清」，表面上是視力的衰退，實質是內心的「一目瞭然」，明白這個世界上永遠都存在不盡人意的地方，明白太過較真只會令自己徒增煩惱。而內心一旦明白，其外在表現就糊塗了，接下來與外界也就關係和諧了。

古人云：「甘瓜苦蒂，物不全美。」又云：「金無足赤，人無完人。」俄國哲學家兼作家車爾尼雪夫斯基（Nikolay Chernyshevsky）有一句名言：「既然太陽上也有黑子，人世間的事情就更不可能沒有缺陷。」即使是太陽下也有陰暗的角落，有人在的世界不可能總是那麼乾淨明亮；理想型也許會很完美，現實中的愛人卻多少有些缺陷或者缺點；廣告中的商品也許會很完美，真正用起來卻往往不盡人意。歷史上的「四大美女」夠完美了吧，但據相關史料表明，有「沉魚」之美的西施耳朵比較小，有「落雁」之姿的王昭君的腳背厚了些，有「閉月」之顏的貂嬋有點體味，有「羞花」之容的楊玉環略胖了些……你要是看得太清楚了，豈不是一件大煞風景的事？

在《紅樓夢》中，賈雨村進入智通寺時，在門前看到一副破舊對聯：「身後有餘忘縮手，眼前無路想回頭。」這無疑是一句睿智的醒世良言，想必寺裡住著的是一個通明事理之人，可當賈雨村進寺門後，他看到的不是一個容貌端詳、白髮飄飄的高僧，而是一個「既聾且昏，齒落舌鈍，所答非所問」的煮飯僧人。這個僧人看上去是個明顯的糊塗之人。這時候，還真不知道哪個是明白者，哪個是糊塗人。

其實，世道之中，誰又能分得清哪個是明白，哪個是糊塗？

霧裡看花最美麗。事事要看得清清楚楚是一件痛苦的事，它就像是毒害我們心靈的毒藥。因為這個世界本來是以缺陷的形式呈現給我們的，過去不是、現在不是、將來也不是。我們如果事事清楚明白，那無異於自討苦吃。

臺灣著名女作家羅蘭認為，當一個人遇到感情和理智交戰的時候，常會發現愈是清醒，就愈是痛苦。因此，有時候對於一些人和事「不如糊塗一點更好」。人生在世，數十寒暑，不過彈指一揮間，所有牛命都無一例外，既短暫又寶貴，卻仍有許許多多的人，活得無聊，活得煩惱。

我們的先人認為混沌就是世界的本源，鴻蒙之初無所謂天與地，亦無所謂真假。現代科學也認為，最初的地球上沒有空氣與生命，最原始的生命在雷電中產生，在海洋中生存發展，爾後才進化成現在這樣的大千世界。可見，天道人事，從終極意義而言，無不歸於混沌，歸於糊塗。

明白有些往事不需要「記得」

「小雨，對不起，我說過一定要賺一百萬才回來見妳，但是我沒有……」一對戀人久別重逢，男人對女人這麼說。

「是嗎？我怎麼不記得了。」女人回答。

「我不應該指責妳貪財，是我不對。」男人繼續懺悔。

「你有這樣指責嗎？我怎麼不記得了。」女人回答。

男人的確是有對女人說出這樣的誓言與指責，但女人已經「不記得」了。無論他們之間的感情是否還在，「不記得」都是一種最好的回答。在「不記得」的基礎上，可以重新開始，也可以就此結束。戀愛時，哪對戀人之間沒有許下過諾言？哪對戀人之間沒有過意見分歧與口角？

世界上最恐怖的莫過於這一種人，只要他一打開話匣子，就沒完沒了，有時我很納悶，人的大腦到底有多大的空間？能藏多少記憶？七八十歲的老人，孩童時的事情仍記憶猶新。電腦還得點擊搜尋，人腦則張嘴就來，彷彿幾十年前的事情就在嘴裡，隨時可以準確無誤地傾吐。而有些事情又轉瞬即忘，甚至幾天前說的話、做的事，竟然忘得一乾二淨。那麼，我們該記住什麼？忘記什麼呢？

我們以人世間最普遍存在的恩怨來說吧，有人記恩不記仇．也有人記仇不記恩。一個人，只要看看他一生中記住些什麼，忘記些什麼，就能大致上觀察出他的心胸、氣度和人品。記恩不記仇的人，一般都豁達大度，為人光明磊落，感恩而不計前嫌；記仇不記恩的人，一般都胸懷狹隘，心境陰暗。

健忘是一種糊塗。但健忘的人生未嘗不是一種幸福。因為人生並不像我們期望的那麼詩情畫意，那麼快樂自在。人生中有許多苦痛和悲哀，以及令人厭惡和心碎的東西，如果把這些東西都儲存在記憶之中的話，人生必定愈來愈沉重、愈來愈悲觀。實際上的情景也正是這樣。當一個人回憶往事的時候就會發現，在人的一生中，美好快樂的體驗往往只是瞬間，占據很小的一部分，而大部分時間則伴隨著失望、憂鬱和不滿足。

人生既然如此，健忘一點、糊塗一些有什麼不好呢？它能夠使我們忘掉幽怨，忘掉傷心事，減輕我們的心理負擔；可以把我們從記憶的苦海中解脫出來，忘記我們的罪孽和悔恨，乾脆俐落地做人和享受生活。

過去的，就讓它過去吧。記憶就像一本獨特的書，內容愈翻愈多，而且描述愈來愈清晰，愈讀就會愈沉迷。很多人為記憶而活著，他們執著於過去，不肯放下。還有一些人卻生性健忘，過去的失去與悲傷對他們來說都是過眼雲煙，他們不計較過去，不眷戀歷史，不追討舊帳，活在當下，展望未來。

當然，人不能全部將過去忘記。別人對你的好，你要記得。我們該忘記的，一是過去的仇恨。一個人如果在頭腦中種下仇恨的種子，夢裡都會想著怎麼報仇，他的一生可能都不會得到安寧。二要忘記過去的憂愁。多愁善感的人，他的心情長期處於壓抑之中而得不到釋放。愁傷心，憂傷肺，憂愁的結果必然多疾病。《紅樓夢》裡的林黛玉不就是如此嗎？在我們生活中，憂愁並不能解決任何問題。三要忘記過去的悲傷。生離死別，的確讓人傷心。黑髮人送白髮人，固然哀傷；白髮人送黑髮人，更叫人肝腸欲斷。一個人如果長時間的沉浸在悲傷之中，對於身體健康是有很大影響的。與憂愁一樣，悲傷也不能解決任何問題，只是為自己、為他人徒添煩惱。逝者長已矣，存者且偷生。理智的做法是應當學會忘記悲傷，盡快走出悲傷，為了他人，也為了自己。

「人生不滿百，常懷千歲憂」，有何快樂可言？在生活中選擇性「健忘」的人，才活得瀟灑自如。當然，在生活中真的健忘，丟三落四，絕非樂事。我們說學會「健忘」，是說該忘記時不妨「忘記」一下，該糊塗時不妨「糊塗」一下。

「難得糊塗」是一劑處惑之良藥，直切人生命脈。按方服藥，即可貫通人生境界。所謂一通則百通，不但除去了心中的滯障，還可臨風吟唱、會心一笑。

明白有些噪音不需要「聽見」

這個世界似乎很嘈雜，有些聲音讓你開心，有些聲音讓你尷尬，有些聲音會讓你惱火……

有一位叫露絲的美國女士，她喜歡說的一句話是：「你說什麼？我沒聽到哦。」這句話，然而這句話卻為她的生活與事業帶來了雙贏。

露絲在舉行婚禮的那天早上，她正在樓上做最後的準備，這時，她的母親走上樓來，把一樣東西放在露絲手裡，然後看著她，用從未有過的認真口氣對露絲說：「我現在要給妳一個今後一定用得著的忠告，那就是妳必須記住，每一段美好的婚姻裡，有些話語就是要充耳不聞。」

說完後，母親在露絲的手心裡放下一對耳塞。正沉浸在一片美好祝福聲中的露絲十分困惑，不明白在這個時候塞一對耳塞到她手裡究竟是什麼意思。但沒過多久，她與丈夫第一次發生爭執時，便明白了母親的苦心。「她的用意很簡單，她是用一生的經歷與經驗告訴我，人生氣或衝動的時候，難免會說出一些未經考慮的話，而此時，最佳的應對之道就是充耳不聞，權當沒有聽到，而不要同樣憤然回嘴反擊。」露絲說。

但對露絲而言，這句話產生的影響絕非僅限於婚姻。作為妻子，在家裡她用這個方法化解丈夫尖銳的指責，維護自己的愛情與生活。作為職員，在公司她用這個方法忽略同事偏激的抱怨，改善自己的工作環境。她告誡自己，憤怒、怨憎、嫉妒與自虐都是無意義的，它只會損害一個人的形象。每一個人都可能在某個時候會說出一些傷人或未經考慮的話。此時，最佳的應對之道就是暫時關閉自己的耳朵——你說什麼？我沒聽到哦……

明明聽到了，卻要說沒聽到，並做到「沒聽到」的境界，當然不是那麼容易。但正是因為不容易，才能區分出一個人EQ的高低。你也許不能一下子就躍升到露絲的境界，但不妨從現在起、從對待身邊的人起，嘗試一次「聽不到」，再嘗試一次……

萬事開頭難，但開頭之後，再刻意堅持堅持，或許就「習慣成自然」了。心理學家認為改掉舊習慣、養成新習慣只需要二十八天。也許，你改掉喜歡琢磨他人說出的話的習慣，只需要二十八次「聽不到」就可以養成新的習慣。你不妨試試。

先哲老子就極為推崇「糊塗」。他自稱「俗人昭昭，我獨昏昏；俗人察察，我獨悶悶」。而作為老子哲學核心範疇的「道」，更是那種「視之不見，聽之不聞，搏之不得」的似糊塗又非糊塗、似明白又非明白的境界。

明白有些事情不需要「說破」

我們從小被教育做人要「知無不言，言無不盡」，意思是知道的就要說，要說就毫無保留地說。但長大後卻發現，這句話是有問題的。首先，什麼是「知」，是「真知」還是你所「知」？其次，如果什麼都「知無不言，言無不盡」的話，人豈不成了一台不知停歇的喇叭？再者，無所顧忌的「言」，難免變成傷人的刀。

鄰居張先生和妻子吵架，無意間使張先生臉上受傷。有人問你張先生的傷從何來。

你「知無不言」地說明來由，有必要嗎？然後還「言無不盡」地散播他們之所以吵架的原委，不是多事嗎？一句「不太清楚啊」回答，不是很好嗎？要是對方繼續誘導你：「聽說是妻子發飆……」你裝傻，一句「是嗎？我不清楚」然後結束話題，不是很好嗎？

無關緊要的事情，要說那麼清楚幹嘛？不但自己累，還容易招來別人的怨恨。人人都有愛面子的心理，只是程度的深淺有所差別而已。李先生手腕上的名錶你一看就知道是假貨，在他吹噓多麼名貴時，你戳破他有什麼好處？還不如裝傻，附和一兩句，反正那支手錶也不是戴在你手上。

夫妻間吵架，要你去調解。你若真的把自己當公正的法官，問清事情的來龍去脈，「知無不言，言無不盡」地把誰是誰非分析得頭頭是道。結果，可能被你分析得沒有道理的人不服，繼續爭吵。吵架過後，先是一方怨恨你，等到他們夫妻和好，怨恨你的人說不定變成了兩個人。這樣的例子屢見不鮮，真是何苦呢！人家的家務事，你說得清？還不如一上場就裝作不知情，做一個糊塗的和事佬。

在耶誕節，一位帶著禮物的聖誕老人問小鄧：「小朋友，猜猜聖誕老人為妳帶來什麼禮物了？」小鄧嚴肅地說：「世界上根本就沒有聖誕老人，你是假的。」聖誕老人覺得這個小女孩很可愛，就逗她：「要相信聖誕老人的小朋友才有糖果吃喔。」小鄧回答：「我才不稀罕糖果呢。」

小鄧因為小，快言快語還透著些許童言無忌的可愛。但成年人生活中一些看似坦率的實話，實在沒有必要全部實話實說。有時候，善意的謊言是生活的希望，是沙漠中的綠洲。在美國著名作家歐·亨利（O. Henry）的小說〈最後一片葉子〉裡，講述的就是一個善意的謊言的故事。當生病的老人望著凋零衰落的樹葉而淒涼絕望時，充滿愛心的畫家用精心勾畫的一片綠葉去裝飾那棵乾枯的生命之樹，從而維持一段即將熄滅的生命之光。這難道不是謊言的極致嗎？

說了那麼多，並非鼓勵大家遇到任何事情都不表態，而是要告訴大家不要被一些世俗小事絆住，一味地比較，挖掘真相。遇到重要的問題，「知無不言，言無不盡」是不二選擇。只是，人的一生，真正遇上的重要問題又有多少呢？

「糊塗」是「明白」的昇華，是看透不說破的涵養，是超脫物外、不沾塵世的氣度，是行雲流水、悠然自得的瀟灑，是掌握全局的運籌帷幄，是甘居下風、謙讓豁達的胸懷。

明白「聰明常被聰明誤」

所謂「聰明一世，糊塗一時」，就是一些聰明人在吃了大虧、做了後悔事時的口頭禪。糊塗和聰明是兩種不同的人生態度。聰明人倚仗自己的聰明，處處試圖搶占先機，生怕自己吃虧、落後，為此搞得自己像隻鬥牛一樣。而糊塗人卻懂得收斂鋒芒，大智若愚，迷惑對手，只在關鍵時候出手。

先哲老子就極為推崇「糊塗」。他自稱「俗人昭昭，我獨昏昏；俗人察察，我獨悶悶」。作為老子哲學核心範疇的「道」，更是那種「視之不見，聽之不聞，摶之不得」的似糊塗又非糊塗、似聰明又非聰明的境界。

明代大政治家呂坤以他豐富的閱歷和對歷史人生的深刻洞察，寫出了《呻吟語》這一本奇書。書中說了一段十分精闢的話：「精明也要十分，只須藏在渾厚裡使用。古今得禍，精明者十居其九，未有渾厚而得禍者。今人之唯恐精明不至，乃所以為愚也。」

呂坤的意思是說，人的腦子好比是一筆財富，關鍵在於如何使用。財富可以讓人過得很好，也可以毀掉一個人。凡事總有兩面，好的和壞的，有利的和不利的。真正聰明人的聰明總是深藏不露，不到緊要關頭不會輕易使用。做人一定要看似愚鈍，讓人家不嫉妒你。一味展現自己的聰明，其實是笨蛋。因為那往往是招災惹禍的根源。無論是從政，是經商，是做學問，還是治家務農，都不能耍小聰明。

小聰明從來就不能稱之為智，充其量只是一些心機而已。巧妙的心機可以讓人逞一時之能，但最終會禍及自身。《紅樓夢》中的王熙鳳，機關算盡太聰明，反誤了性命，也就是說聰明反被聰明誤。

有點小聰明的人往往工於心計，善於在心裡撥弄自己的小算盤，卻不願推己及人為別人著想。事實上，人與人之間的利益都有所交集，交集的部分屬於你也可以屬於他，你若全部給了自己，這種情況之下，比你更聰明的人一定會反過來算計你，令你「算來算去算自己」。和你同等聰明的人也不甘示弱，和你鬥法。鹿死誰手暫時不談，但會把你弄得身心俱疲。而不如你聰明的人，他們中了你的算計，但人家也不傻，惹不起你還躲不起來？勞心勞力，遍體鱗傷，眾叛親離——這種下場和你所得到的利益相比，孰重孰輕，不言自明。

其次，耍小聰明的人通常也是一個斤斤計較的人，總是鑽進一事一物的糾纏之中，看重「小利」而忽視「大利」，斤斤計較卻不知輕重，機關算盡而本末倒置。為了眼前的一塊錢，錯失將來的一百塊錢，這難道不是最愚蠢的嗎？

再者，玩小聰明的人會過得很累。他們總是處處擔心、事事設防、時時警惕、小心翼翼的過日子。別人隨意說的一句話，做的一件事，也許沒有什麼目的，但有點小聰明的人就會敏感地「察覺」出什麼。回到家裡，躺在床上也要細細琢磨，生怕別人有什麼計謀會使自己吃虧。這樣一來，他在處理人際關係上就顯得不誠實，不大方，甚至很虛偽做作。因此，我們身邊不乏這樣的聰明人，性情不開朗，言詞虛假而過分神經質。

佛不露像，智者不言。古往今來，那些有大智慧的人給人的感覺往往是有點木訥與糊塗，絕大部分時間裡唯唯諾諾、迷迷糊糊。他們盡量不顯露自己的聰明，做人低調，從來不向人誇耀自己抬高自己。他們寵辱不驚，遇亂不躁，看透而不說破，知根卻不亮底。他們把明白的燈火點亮在心中，卻用糊塗的燈籠罩著，然後風雨無阻、悠然前行……

其實糊塗者才不是真的「糊塗」，他們只是因為看清了、看透了，明白與清醒到了極致，在俗人的眼裡才成了糊塗而已。

第二章　糊塗是一種返璞歸真

清代名士鄭板橋有一句名言：「難得糊塗。」此言一問世，就受到世人追捧。「糊塗」是什麼？糊塗是一種人性的回歸——也就是道家所謂的「返璞歸真」。返璞歸真的意思是：去掉外飾，回復其原始的淳樸本真狀態。《戰國策．齊策四》中有云：「歸真反璞，則終身不辱。」

人生有三重境界

你是否常常會覺得做人辛苦、處世艱難？其實，這些辛苦與艱難，大多是來自於你個人。人本是人，根本就不必刻意去做人；世本是世，也無須精心去處世——這是「糊塗」帶給人生的宗旨。

唐朝禪宗大師青原行思認為參禪的三重境界：參禪之初，看山是山，看水是水；禪有悟時，看山不是山，看水不是水；禪中徹悟，看山仍然是山，看水仍然是水。人之一生，其實也經歷著參禪的三重境界。

第一重境界：看山是山，看水是水。涉世之初，人們都單純得很，就像小孩般天真。人家告訴他這是山，他就認識了山；告訴他這是水，他就認識了水。凡是看到的、聽到的，以為都是真的。這時候的人是快樂的。

但很快，快樂就逐漸消逝了。因為他發現了世界的不確定性以及虛偽性。不是的真心都會換回真情，不是所有的付出都有回報。紅塵之中有太多的誘惑，在虛偽的面具後隱藏著太多的潛規則，看到的並不一定是真實的，一切如霧裡看花，似真似幻，似真還假，山不是山，水不是水，於是我們在現實裡輕易就迷失了方向，隨之而來的是迷惑、徬徨、痛苦與掙扎。人到了這個時候看山也感慨，看水也嘆息，借古諷今，指桑罵槐。這時的山自然不再是單純的山，水自然不再是單純的水。

不少人在人生的第二重境界裡走完一生的旅程。他們追求一生，勞碌一生，心高氣傲一生，最後不是沒有達成自己的理想，就是達成理想後發現那並不如自己所想的美好。但少數人領悟到了人生第三重境界——看山是山，看水是水。他們在人生的歷練中，對世事、對自己的追求有了一個清晰的認知，意識到「世事一場大夢，人生幾度秋涼」，知道自己追求的是什麼，要放棄的是什麼。人這個時候便會專心致志做自己應該做的事情，不與旁人過多計較。「任你紅塵滾滾，我自清風明月。」面對世俗之事，一笑置之，這個時候的人，看山又是山，看水又是水了。

從看山是山，到看山不是山，再到看山是山，人生的軌跡畫了一個圈，似乎又回到了起點。

學會糊塗了嗎？「難得糊塗」是哲人面對芸芸眾生的執迷不悟而發的智語，猶如禪宗的至理名言，需要用心體悟。在人生的道路上，不要一味去爭，要學會放下，糊塗一點，能讓人得到一種安寧，一種輕鬆，一種坦蕩，一種悠然，一種自在。

找回失去的童心

時間在我們渴望長大中似乎過得很慢，而在我們長大後的回首中又太快。假如有人問人生何時最快樂，恐怕絕大多數人都會說童年。記憶深處的童年裡，捉迷藏、放風箏、跳房子、踢毽子、丟沙包、扮家家酒、蓋沙堡……五彩斑斕、絢爛奪目，充滿了歡笑和陽光，但當我們長大以後，心中逐漸有了理想，也開始會受外在事物誘惑，開始忙碌的時候，心事也就多了起來。

相比大人來說，單純的孩子可以說是最懂得享受人生的專家了。有一天，年輕的媽媽問九歲的女兒：「孩子，妳快樂嗎？」

「我很快樂，媽媽。」女兒回答。

「我看妳天天都很快樂」

「對，我很快樂。」

「是什麼讓妳感覺那麼好呢？」媽媽追問。

「我也不知道為什麼，我只覺得很高興、很快樂。」

「一定是有什麼事物才使妳高興的吧？」媽媽鍥而不捨。

「嗯……讓我想想……」女兒想了一會兒，說：「我的朋友們使我幸福，我喜歡他們。學校使我幸福，我喜歡上學，我喜歡我的老師。還有，我喜歡上教堂。我愛爺爺奶奶，我也愛爸爸和媽媽，因為爸媽在我生病時關心我，爸媽是愛我的，而且對我很親切。」

這便是一個九歲的小女孩幸福的原因。在她的回答中，所有使人幸福的因素都已齊全了——和她玩耍的朋友、學校、爺爺奶奶和父母。這是具有極單純形態的幸福，而人們所謂的生活幸福亦莫不與這些因素息息相關。

有人曾問一群孩子：「最幸福的是什麼？」結果其中有一個男孩的回答是：「自由飛翔的鳥、清澈的湖水，是因船身前行，而分開來的水流；跑得飛快的列車、小狗的眼睛……」而其中有一個女孩的回答是：「倒映在河上的街燈、從樹葉間隙能夠看得到紅色的屋頂、煙囪中冉冉升起的煙、紅色的毛衣、從雲縫間透出微光的月亮……」

看，童心是如此純淨、如此容易得到滿足！我們也曾經那樣快樂與幸福，只是歲月的磨礪，使我們失去了天真爛漫的本性，失去了那份無邪的童心，或許這就是我們不快樂、不健康的重要原因。

我們還能夠找回失去的童心嗎？答案是可以。找回童心，也不是多麼複雜的事情。古人云：「童子者，人之初也；童心者，心之初也。夫心之初豈可失也！」我們若能鄙棄塵俗，回歸本心，便能找回童真、童趣與童心。這樣，我們就會形神合一，專氣致柔，純潔無邪，通達自守，並且使我們內心與外在均無求而自足！

多一點童心，多一點單純；多一點幻想，多一點浪漫；多一點瀟灑，多一點你自己。

簡化你的生活

你是否經常有「很累」的感覺？你是否想過究竟是什麼讓我們如此勞累與疲憊？如果僅僅只是勞累與疲憊還不算最糟糕，最糟糕的是我們甚至還會對今後的日子產生恐懼，甚至絕望。永遠像一個戰士般往前邁進，才不會落在人後，社會達爾文主義是現代人信奉的原則，被無限放大到生活中。欲望橫流的都市裡，到處都充斥著痛苦的靈魂，在許多昏暗的酒吧裡唱著空虛和寂寞，唱得撕心裂肺；有人在放縱，有人在毀滅。生活愈來愈複雜，而心情愈來愈煩悶；人與人走得愈來愈近，而心靈卻隔得愈來愈遠；樓愈來愈高，人情味愈來愈淡；外在的娛樂愈來愈多，內心的快樂愈來愈少……

我的一個朋友最近花了四萬多元買了一個按摩椅。在此之前，他還買過一台跑步機。不過，他告訴我這些東西，他一年裡卻用不到幾次。

究竟什麼才能使我們生活充實、內心豐富？不是按摩椅，不是跑步機，而是我們體會生活快樂的簡單能力。這種能力隨處可得，根本不用花錢。繁雜紛亂的生活使人厭煩、疲憊，像荊棘一樣擠壓著心靈，使得人不安、緊張、焦慮、倦怠甚至絕望，是很不符合心理健康的。而簡樸的生活，減少了心靈的許多負擔，使心靈更單純，內心有更多的空間。一位西方哲學家發出了這樣的警告：「沒有什麼科技的發展可以帶來永久的快樂。比科技發展重要的心理健康，卻總是被忽略。」

當生活變得愈來愈複雜，超出你的想像和理解的時候，你是否懷念過從前快樂的時光？時光也好、人文也好，舊有的樸實氣氛讓人感到十分安心。在一個偏遠、寧靜的小村莊，那裡的人對於一朵鮮花的讚賞，比一件名貴的珠寶要多。一次夕陽下的散步，比參加一場盛大的晚宴更有價值。年長者們寧可在一棵老樹下打牌下棋，也不願去參加一場獎金豐厚的棋牌競技。他們重視的是簡單生活中的快樂，不會遠離陽光、新鮮空氣與笑聲……感謝簡單的生活，他們因此而擁有幸福與快樂。

那些簡單生活的日子似乎一去不返了，但真的就沒有其他可能了嗎？

當人在物質上的要求減少時，精神上的收穫會增加。散文家愛默生（Ralph Emerson）曾說：「快樂本身並非依財富而來，而是在於情緒的表現。」當我們騰出心靈的空間，從各個角度去體驗人生，當我們開始了解到自以為必須的東西，其實很多是可以捨棄的時候，就可以發現，我們擁有現在的東西就足夠快樂了。

簡單的生活，並不是消極、懶惰，也不是修道士、苦行僧的生活，而是為了活得像一個人，活得輕鬆暢快、自由自主，過更健康、更有意義的生活。

簡單的生活是最容易也最輕鬆的，複雜的生活才是真正的困難。生活中沒有非接不可的電話，生命中沒有非要不可的東西。在世俗的社會裡，只有你自己的生活簡單了，你才會真正成為自己的主人。那些手指上多了一枚鑽戒，衣服上多了一枚胸針，頭上多了一頂帽子的人，以及有著多餘的人脈、多餘的頭銜的人，深究一下，便會發現，他們都是在完美和榮譽的藉口下展現一種包袱，這種人可能終其一生都走不進自己人生的大門。另一些人用大量的時間，貼近自然、領悟內心，只讓生命之舟承載所必需的東西。這類人看似貧窮，然而這種與自然規律和諧一致的貧窮，誰說不是一種富有呢？

是我們內心的平和決定我們的格調，而不是其他。

別走得太急

據說，在墨西哥的山區，人們有一個規矩，在上山的途中，無論累不累，每走一段都要停下來休息。他們的理由是「走得太快，會丟了靈魂」。

這是義大利導演安東尼奧尼（Michelangelo Antonioni）《在雲端上的情與欲》裡講述的故事。走得太快，真的會把靈魂丟了嗎？那些心懷大志的人，為了珍惜人生的光陰，習慣將每天的行程排得滿滿的，不停地奔波。即使再累，也得撐著。這種精神被不少人推崇。但正如畫需要留白一樣，你的人生也需要留白。列寧曾說過：「不懂休息的人是不懂工作的人。」人若失去了愉快的心情和爽朗的精神，還有什麼生活的樂趣呢？

有時候，把人生的節奏放慢一點沒有什麼不好。有時因為太匆忙，我們無法享受做事的快樂。在這種匆匆忙忙的生活中，我們常常會感覺到生命的流逝，而且也老是覺得，永遠都得不到我們在尋找的東西。我想，其實大家心中都明白，這樣忙碌的生活，使得我們與真正的快樂漸行漸遠。事實上，生命中沒有任何時刻，比現在更有可能帶來快樂。

生活的最大樂趣之一，就是花時間享受身邊的每一件東西。我們身處五光十色、日新月異的社會。太多的資訊要吸收，太多的新知識要學習，太多的行程要奔波，太多的事情要完成。如果終日爭先恐後，必會疲勞過度。「難得糊塗」，可以幫助人們釋放心理層面和社會受到的壓力，保持一種心態平衡，坐看雲起花落，超然豁達地面對人生。特別是在今天這種快速、快節奏、競爭激烈的社會，如果少了「難得糊塗」的超越，就再也感受不到生活中的浪漫，無法體驗輕鬆和愉快，更不會有天真、詩意和情趣了。

不要總是強調自己沒時間，也不要辛苦地去擠出時間。生活是需要妥協的。人人都有理想，但如果我們確實看清楚人生的狀況，我們就會懂得理想沒有盡頭，因為當你實現了，又會有一個更高遠的理想出現。我們為了理想花費了太多的精力，因此而喪失了享受生活的能力。

能不能將理想設定為「快樂與幸福」？如果我們為了理想和成功喪失了快樂與幸福，這樣的理想與成功又有什麼意義？

慢一點吧，珍惜你現在擁有的小小空間，珍惜你擁有的一切。

慢一點吧，走在街上，瀟灑自在，你會發現別樣的風景。

慢一點吧，就像英國作家威廉·亨利·戴維斯（W. H. Davies）在詩中所寫的那樣：

別走得太急

「這不叫什麼生活，
總是忙個不停，
沒有停一停，看一看的時間。
沒有時間站在樹蔭下，
像小羊那樣盡情瞻望。
沒有時間看到，
在走過樹林時，
松鼠把果實往草叢裡藏起。
沒有時間看到，
在大好陽光下，
流水像夜空般群星閃爍。
沒有時間注意到少女的流盼，
觀賞她雙足起舞蹁躚。
沒有時間等待她眉間的柔情，
展開成唇邊的微笑。
靈魂是悠然的，隨意的。人的步代走得太快，很容易把自己的靈魂落下。」

像莊子一樣逍遙

逍遙，指的是沒有什麼約束、自由自在——當然，法律與道德的約束是需要的。也就是說，逍遙是一種基於心靈自在之上的瀟灑行為。逍遙表現為自然個性的呈現、精神思維的自由和言談舉止的灑脫。

歷史上最著名的逍遙大師大概就是莊子了。他在《莊子．齊物論》說了一個這樣的故事——有一天，莊子夢見自己變成了蝴蝶，一隻翩翩起舞的蝴蝶。自己非常快樂，悠然自得，不知道自己是誰。一會兒夢醒了，卻是僵臥在床的自己。不知是人做夢變成了蝴蝶呢？還是蝴蝶做夢變成了人呢？

以上就是「莊周夢蝶」的典故。看看，莊子多麼糊塗，一覺醒來，居然分不清楚自己到底在現實中還是夢中，也不知道自己到底是一隻蝴蝶還是一個人。

人生的目的是什麼？這個亙古以來的千年追問。有人認為擁有至高的權位最值得幸福快樂，可以享受支配他人的快感。有人認為擁有金山銀山勝過所有，因為金錢可以換取很多東西。有人認為擁有好的名聲最重要，即使死了也還會活在人們心中。更有人什麼都可以不要，只要美人……

但是莊子飄然而來，把手中的拂塵輕輕一揚，掃去了塵世中的所有牽絆。他說：「快樂至上。」他在《莊子．至樂》中說：「夫富者，苦身疾作，多積財而不得盡用，其為形也亦外矣。夫貴者，夜以繼日，思慮善否，其為形也亦疏矣。人之生也，與憂俱生，壽者惛惛，久憂不死，何苦也！」意思說指富有的人，勞累身體勤勉操勞，累積了許多財富卻不能全部享用，根本不值得那些身體付出的勞力。有權的人，夜以繼日地苦苦思索怎樣才會保住地位和財富，反而為身體增添更多辛勞。人們生活於世間，憂愁也就跟著一道產生，再長壽的人若夜不能寐，長久地處於憂患之中而不死去，多麼痛苦啊！

人是偉大的，但也是渺小的。人可以改變一些事物，但對於大的命運卻經常無能為力。一個下雨的早晨，再多雞鳴也喚不出太陽。與其吶喊、抱怨與詛咒上天，不如撐一把雨傘來個雨中漫步，讓自己享受悠閒與浪漫。當追求幸福的人因求之不得而苦惱的時候，只要換一種心態，就能很容易地體會到逍遙的快樂。當一個人與幸福失之交臂的時候，也許恰好具備了逍遙的條件。得到和失去一樣能夠快樂，這就是生活的公平、公正和微妙。人本是人，不必刻意學做人；世本是世，不必精心處世。這就是糊塗人生的箴言。

在喧囂的環境中保持心靈的安寧和清靜，在紛繁塵世中保持內心的自尊自愛，修身養性，逍遙人生。

第三章　糊塗是一種自得其樂

在談到人生哲學時，有位智者說過一段這樣的話：「人生如同美國的西部牛仔片。在嘈雜的酒吧裡，惡徒坐著喝酒，流氓打架，而彈琴的人就在這個混亂險惡的處境中照彈不誤。你得學會這鋼琴師的本事，不管人生酒吧裡發生了什麼事，你都要繼續彈你的曲子。」

在混亂的環境中，保持自己悠然自得的心境，沒有一定的「糊塗」功力是無法做到的。我們生活的旋律，太容易被外界所擾亂。只有對外界的干擾遲鈍一些、糊塗一些，才能夠找到通往靈魂自由之路。

我的心情我做主

有一天，一個朋友慌慌張張地跑來對作家愛默生說：「預言家說，世界末日就在今晚！」

愛默生望著他，平靜地回答：「不管世界如何變化，我依舊照自己的方式過日子。」

愛默生的回答十分耐人尋味，他面對動盪不羈的人生採取的是一種自在的態度，並從中獲得了快樂。

愛默生的生活態度，說明在世上想要享受真正的生活，一定不要在乎那些自己所無法掌控的壞消息。就算哪天世界末日真的會降臨，你也無須擔心。因為世界末日只會來一次，而現在世界末日還沒來，更重要的是，你我都不會活著記得它的到來，不是嗎？

就像某位哲人所說的：「我們不需要恐懼死亡，因為事實上我們永遠不會碰到它。

沒有意義的。」

只要我們還在這兒，它就不會發生，當它發生時，我們就不在這兒了，所以恐懼死亡是

有天下午，小周正在彈鋼琴，七歲的兒子走了進來。他聽了一會兒後，說：「媽，妳彈得不怎麼動聽！」

對，是不怎麼動聽，甚至任何認真學琴的人聽到她的演奏都會搖頭，不過小周並不在乎。多年來小周一直就這樣彈著，因為她彈得很高興。

小周也曾熱衷於唱著不動聽的歌和及繪畫出不耐看的圖，從前還自得其樂於粗糙的縫紉。小周在這些方面的能力不強，但她不以為恥，因為她不是為他人而活著，她認為自己有一兩樣東西做得不錯就足夠了。

生活中的我們常常很在意自己在別人的眼裡究竟是一個什麼樣的形象。因此，為了要對他人留下一個比較好的印象，我們總是事事都要爭取做得最好，時時都要顯得比別人高明。在這種心理的驅使下，人們往往把自己推上了一個永不停歇的痛苦輪迴。

事實上，人生活在這個世界上，並不是一定要壓倒他人，也不是為了他人而活著。人活在世界上，所追求的應當是自我價值的實現以及對自我的珍惜。不過值得注意的是，一個人是否能實現自我，並不在於他比別人優秀多少，而在於他在精神上能否得到

幸福和滿足。只要你能夠得到他人所沒有的幸福，那麼即使表現得不出眾也沒有什麼。在這方面，許多人都應向小周學習。

心靈澄澈才會靈動，因靈動而產生輕鬆、美妙的韻律，這是一種奇妙的透射功能，能穿越光怪陸離的霓虹燈，穿越悲喜交加的紅塵，化解喧囂於無形之中。放飛心靈的自由，我們才能在輕鬆的心境下收穫更多。

留一份歡喜給自己

當坎坷和挫折接踵而來，一次次落在你的肩上時，你是否覺得自己是這個世界上最不幸的人？當你的生活屢遭磨難，你是否覺得憂愁總多於歡喜？其實，歡喜只是一種心情、一種感受，就看你如何去尋找。

實際上，那些唱著歌，昂首闊步地走路的人，那些懷著許多渴望嘗試生活的人，又有幾個不負著沉重的壓力？只不過他們將自己的淚和悲傷掩藏起來，將歡喜的一面展現給別人，讓人覺得他們生活無憂無慮，是世界上最快樂的人，而自己便也從這種快樂中真正獲得了一份心靈的輕鬆。

每次在街上，途經一條條長長的街，那些賣水果、手搖飲、蔬菜的小販，有的大聲地吆喝著；有的就靠在小樹旁獨自小憩；有的捧著一本書有滋有味地讀著，全然沒有憂鬱和歎息。他們一定生活得比我們艱難和沉重。如果遇到惡劣的天氣，或許他們就損失了一整天收入，如果有什麼意外，他們必須獨自去承擔。但是，即使住在不大的房屋中，依然有佳餚經他們的手烹製出來，依然有快樂的歌聲在小屋中飄蕩——那就是對生活無言的抗爭啊！即便就是這樣，苦中作樂的生活，也給了他們一些別人所沒有的東西，那就是辛苦中的欣喜。

當外界種種不順向你襲來，當你悲天憫人時，為什麼不為自己製造一份歡喜？你可以看看雲，望望山，散散步，寫幾首詩，聽一首激昂的歌，把憂傷留在過去，假如從這裡所得到的快樂遠不能使你擺脫生活的沉重，不妨在心裡默默祈禱，並堅信你就是這個世界上最快樂的人。天長日久，一旦在心中形成了一個磁場，並逐漸強化它，盡心盡力做好每件事，讓自己從平凡的牛活中得到絲絲歡喜，你真的就是這個世界上最快樂的人。

自以為歡喜，並自欺欺人，只是對平淡、無聊，甚至不如意的生活的一種積極抗爭。一個人如果一味地沉溺於憂愁的心境，總覺得自己比別人差勁，處處不順心，怨天尤人，怎麼能夠讓生活五彩繽紛，獲得生活的樂趣呢？儘管外界可以剝奪許多誘惑你的東西，身處逆境不免心緒沉悶。但是，如果你能積極創造生活，體悟生活中的歡喜，還有什麼能阻擋你前進的步伐？

客居異鄉，每每覺得無聊苦悶時，就常常獨自一人去街道上看那些平凡的人世。忙忙碌碌的人群，新奇的商品，綠樹如蔭的人行道，嬉戲玩鬧的孩童，隨處可見的小販。漸漸參透：每個生活在世上的人其實都不容易，但是也沒有一個人止步不前——因為生活的歡喜是要自己去尋找的。

人生如同美國的西部牛仔片。在嘈雜的酒吧裡，惡徒坐著喝酒，流氓拚命打架，而彈琴的人就在這個混亂險惡的處境中照彈不誤。你得學會這琴師的本事，不管人酒吧裡發生了什麼事，你都要彈你的曲子。

珍惜現在，享受今天

再過兩天小普就三十歲了。但他卻不安於踏入生命中的這個新十年，因為他擔心他最美好的時光即將不再。

每天上班前去健身房做一下運動是小普的習慣之一，而每天早上小普也總能在那裡見到他的朋友小斯。小斯是一個已經七十九歲，身體卻十分健壯的長者。在這個有些特別的日子，當小普和小斯打招呼時，小斯注意到了小普沒有像往日那樣精神，就問小普是否發生了什麼事。小普告訴了小斯他對於自己即將進入三十歲感到的困惑，因為小普很想知道當自己到小斯這個年紀時又將怎樣回顧自己的生命歷程。於是小普便問：「哪個時候會是您生命中最美好的時光呢？」

小斯毫不猶豫地回答道：「當我在奧地利還是孩子時，一切都被照料得很好，並在父母的細心呵護中長大，那是我生命中最美好的時光。」

「當我進入學校學習我今天所了解的知識時，那是我生命中最美好的時光。」

「當我獲得第一份工作，重任在肩，拿到我努力所得的報酬時，那是我生命中最美好的時光。」

「當我遇到了我的妻子，我和他一起墜入愛河時，那是我生命中最美好的時光。」

「戰爭爆發了，為了生存我和妻子不得不離開故鄉。當我們一起安全地坐上了輪船時，那是我生命中最美好的時光。」

「當我們來到新的地方共同創建我們的新家時，那是我生命中最美好的時光。」

「當我成為了一名父親，看著我的孩子們成長時，那是我生命中最美好的時光。」

「現在，小普，我七十九歲了，身體健康，感覺良好，而且依然深愛著我的妻子．所以，現在就是我生命中最美好的時光。」

現在就是我生命中最美好的時光！這其實就是人們所說的「活在當下」。東西方在文化上有一定的差異，卻對「珍惜現在，享受現在」有著一致的看法。

有一位終其一生都在擔憂與後悔的女士，在她五十歲時，丈夫突然患腦梗塞被送進了醫院急救。最初的日子裡，她整天所想的就是以往她因為各種各樣的擔憂和丈夫吵架的事，後悔自己在氣頭上說過的每一句話。當丈夫陷入深度昏迷後，她又開始為以後的孤獨日子擔憂，不知該如何處理丈夫的用品，不知自己是否還會再擁有家庭。後來，她的丈夫去世了，她又開始後悔在那些最後的日子裡沒有趁丈夫清醒時再多和他說幾句話，問問他還有些什麼願望和要求；沒有在丈夫昏迷時多在他身邊呼喚他，也許親人的呼喚會讓這一切發生奇蹟。過了許多年，她也去世了，她的兒子回憶說：「在我母親的一生中沒有一個真正的今天。」

「年年是好年，日日是好日」，這句話說的是，人在一生當中，要全力以赴，持之以恆，堅持不懈，同時也要能無所偏執，實事求是，坦然面對人生，不可為一時的利害得失而處心積慮。面對人生的起伏，重要的是化新的一年為美好的一年，化新的一天為美好的一天。

當我們結束工作時，就應當把已經過去的事情忘記，因為過去的光陰不能再追回來。雖然我們難保一天所做不會有錯誤，但是事情已經過去，一味地追悔只能貽誤迎接明天的到來，而成為下一個令人追悔的事。今天就握在我們手中，這是一個新日子，它好像人生日記本裡的空白一頁，任由我們去寫。我們所要做的就是燃起生命的熱情，激發心中的希望，傾注全力做好每一件事，享受每一個今天。

人們喜歡為幸福預設許多前提．然後再一個一個去實現那些前提，卻逐漸發現永遠都會有完不成的前提在前面。其實，幸福是不需要前提的。

大聲向壞心情說拜拜

有一位年輕人去找心理學教授，他對大學畢業之後何去何從感到彷徨。他向教授傾訴諸多的煩惱：「我沒有考上研究生，不知道自己未來的發展；女朋友將要去一間大公司，很可能會移情別戀……」

教授讓他把煩惱一個個寫在紙上，判斷其是否真實，一併將結果也記在旁邊。

經過實際分析，年輕人發現其實自己真正的困擾很少，他看看自己那張困擾記錄，不禁說：「無病呻吟！」教授注視著這一切，對他點頭：「你看過章魚吧？」年輕人茫然地點點頭。

「有一隻章魚，在大海中，本來可以自由自在地遊動，尋找食物，欣賞海底世界的景致，享受生命的豐富情趣。但它卻找了個珊瑚礁，然後動彈不得，吶喊著說自己陷入絕境，你覺得如何？」教授用故事的方式引導他思考。他沉默了一下說：「您是說我像那隻章魚？」年輕人自己接著說：「真的很像。」

於是，教授提醒他：「當你陷入壞心情的習慣性反應時，記住你就好比那隻章魚，要鬆開你的爪，讓它們自由遊動。綁住章魚的是自己的手臂，而不是珊瑚礁。」

人心很容易被種種煩惱和物欲所捆綁。那都是自己把自己關進去的，是自投羅網的結果，就像章魚，作繭自縛。大多數人的壞心情，都是因為自己想不開，放不下，一味地固執而造成的。壞心情猶如人心靈中的垃圾，它是一種無形的煩惱，由怨、恨、惱、煩等組成。

清潔人員每天把街道上的垃圾運走，街道變得寬敞、乾淨。假如你也每天清除一下內心的垃圾，那麼你的心靈便會變得愉悅快樂了。

人的心好比房子，裡面若是裝滿了壞心情，自然沒有好心情的立足之地。現在開始，請趕走心中的壞心情，以迎接好心情的入駐。

當你陷入壞心情的習慣性反應時，記住你就好比那隻章魚，要鬆開你的爪，讓它們自由遊動。綁住章魚的是自己的手臂，而不是珊瑚礁。

逆境中的自得其樂

人在順境之中，可以樂觀、愉快地生活；人在逆境中，也能樂觀、愉快地生活嗎？有的人能做到，有的人則不能。

古代有一位禪師去施主家做佛事，路過一小溪，因前夜天降暴雨，溪水頓漲，加之禪師身軀過大，因而陷於溪流之中。他的徒弟急忙將人拉住，將其背到岸上。禪師坐在石頭間，垂頭如雨中鶴。不一會兒，他忽然大笑，指溪作詩曰：

「春天一夜雨滂沱，添得溪流意氣多；
剛把山僧推倒卻，不知到海後如何？」

禪師在如此倒楣、尷尬的情況下，尚能開懷吟詩，真是「糊塗」到家了。但這種糊塗，又何嘗不是一種超脫、一種自由、一種大歡喜？

想要在逆境中達觀、愉快，除了鈍化對外界的負面感知之外，一個重要的方法就是換一個角度，站在另一個立場去看待自己所遇到的不幸，設法從中得到快樂。禪師陷於溪流之中，一般人認為他會垂頭喪氣，自認倒楣。而禪師卻以一種輕鬆的態度與溪水對話，在對話的過程中，寬釋了心懷，得到了樂趣，變煩惱為大笑，這是何等寬亮的胸懷啊！

你能像禪師那樣樂觀地對待生活嗎？如果不能，你應該轉變一下觀念，記住，你改變不了環境，但你可以改變自己。你改變不了事實，但你可以改變態度。你改變不了過去，但你可以改變現實。你不能控制他人，但你可以掌握自己。你不能預知明天，但你可以把握今天。你不能樣樣順利，但你可以事事盡心。你不能左右天氣，但你可以改變心情。你不能選擇容貌，但你可以展現笑容。你不能決定生死，但你可以擴展視界。

改變你所不得接受的，接受你所不能改變的。

第四章　「隨」是修練糊塗的重要心法

人的一生，如同在江河中泅渡。身邊有時是驚濤拍岸捲起千堆雪，有時是一鉤流月去無聲……一味地勉強，最容易陷入舉步維艱、事倍功半的境地。而如果你懂得了「隨」字祕訣，對於人生的各種變故與動盪就不會那麼手無足措，大可以在輕鬆寫意中化解各種矛盾。

所謂「隨」，不是跟隨，而是順其自然，不躁動、不強求、不過度、不怨恨。《道德經》中「人之生也柔弱，其死也堅強；草木之生也柔脆，其死也枯槁」，一語道破了順其自然的根本理由——為了生存。有機的生命體從來都是柔性的，只有在死亡之後才變得堅硬。而堅硬的東西通常都易受損、易碎、易滅失。所謂「柔弱者，生之途；堅強者，死之途」，因此，生存之本是順其自然，為人處世，亦是如此。

所謂「隨」，不是隨便，不是隨波逐流，而是一種有智慧的勇敢。它是懷著堅定的信念，順天道、識大體、持正念、擇正行，在順應中努力，在屈中求伸。要修成糊塗真功，先得學會「隨」字心法。心境放隨和了，身段就柔和了。能進則進，當止就止，於不經意間收穫豐贍的人生。

隨方就圓，無為而治

船體為什麼要設計成圓弧形而不是方形呢？那是為了減少航行時所遇到的阻力，以追求更快、更省力、更穩定地到達目的地。人生之旅也如舟行大海，處處有風險、時時有阻力。要前進就一定有阻力，我們能做的只有儘量減少阻力。怎麼減少？向船學習，學習它的「形圓」。

明代洪應明在自己所著的《菜根譚》中說：「建功立業者，多虛圓之士」。意思是建大功立大業的人，大多是能謙虛圓活的人。而事業失敗、錯失良機者，必然是頑固褊狹的人。「虛圓」就是不困於既有的價值觀與固定觀念，能接受任何事物的能力，這麼一來，不論情勢如何變化，都能靈活應對。而固執自己狹隘見解的執拗者，卻做不到這一點，若是思考與行動皆生硬僵化，是很難在人生的舞臺上遊刃有餘的。

古人歷來推崇「方圓之道」，認為「方為做人之本，圓為處世之道」。所謂「方」，指的是一個人內心要有自己的主張和原則。所謂「圓」，指的是一個人外在應該圓滑世故，融通老成。

東晉元老重臣王導，晚年縱情玩樂不理政事，令朝廷官員怨聲迭起，都說他年邁糊塗，百無一用。但王導自言自語：「人言我憒憒，後人當思此憒憒。」意思是指現在有人說我昏瞶無能，但後人將會因我現在的昏瞶無能而感激我。此話怎講？

原來，自五胡之國的亂世之後，大批北方人遷居南方，為南方帶來先進的生產力的同時也因為文化衝突等因素帶來了秩序上的混亂。不僅造成局勢混亂，朝廷也好不到哪裡去。東晉立國之初，皇帝被權臣們隨意更換。權臣之間互相猜忌，貴族與庶民間矛盾重重。如此多的矛盾糾葛在一起，王導剪不斷，理還亂。他只要宣布任何有偏袒性的政策或做一絲有偏袒性的舉動，都有可能引起矛盾的激化。而矛盾一激化，遠非根基不牢的東晉新政權所能掌控。王導只好施展無為而治。等各種矛盾在鬥爭中達成平衡後，東晉的政權也就穩定了。王導逝世後，東晉果然有了中興之氣象。難怪後代史學家都評論王導是一個擁有智慧與眼界的官員。

道家思想的核心是「無為」。在老子五千字的《道德經》中，就有十二處提到「無為」。值得注意的是，老子所謂的「無為」，不是「無所作為」，而是順應自然，不妄為的意思。唐末五代道士杜光庭認為：「無為者，非謂引而不來，推而不去，迫而不應，感而不動，堅滯而不流，卷握而不散也。謂其私志不入公道，嗜欲不枉正術，循理而舉事，因資而立功，事成而身不伐，功立而名不有。」

老子曾經讚美水：「上善若水。」他認為水有七種美德（七善），其中有兩種分別為「事善能」、「動善時」。前者的意思是：處事像水一樣隨物成形，善於發揮才能。後者的意思是：行動像水一樣涸溢隨時，順應天時。由此可見，道家的無為，實質上是指遵循事物的自然趨勢而為，即凡事要「順天之時，隨地之性，因人之心」，而不要違反「天時、地性、人心」，憑主觀願望和想像行事。

隨便一點，隨和一些，水自漂流雲自閒，花自零落樹自眠。世間熱鬧紛擾，你抽身而出，不為利急，不為名躁，不激動，不衝動，進退有據，左右逢源。這樣貌似糊塗的人生，何嘗不是一種幸福人生？

「春有百花秋有月，夏有涼風冬有雪；若無閒事掛心頭，便是人間好時節。」這首詩出自無門慧開禪師。大自然非人力所能為，卻一年四季各應其時，各有其美。與自然之美，生命之美相比，其他種種不過是閒事罷了。

人生在世，得失相伴

唐代著名文學家柳宗元在一篇雜文中提到一種叫小蟲，它非常善於背東西，行走時遇見東西就拾起來放在自己的背上，高昂著頭往前走。它的背比較粗糙，堆放的東西一般是掉不下來的。由於蟲子的貪婪行為，最後背上的東西越愈來愈多，愈來愈重，終於累倒在地上。

人赤裸裸地來到這個世界，又兩手空空地離去。期間的一生也不可能永遠地擁有什麼，一個人獲得生命後，先是童年，接著是少年、壯年、老年。在你得到什麼的同時，你其實也在失去。所以說人生獲得的本身就是一種失去。

人生在世，有得有失，有盈有虧。有人說得好，你得到了有名的聲譽或高貴的權力，同時就失去了做普通人的自由；你得到了巨額財產，同時就失去了淡泊清貧的歡愉；你得到了事業成功的滿足，同時就失去了奮鬥的目標。

我們每個人如果認真地思考一下自己的得與失，就會發現，在得到的過程中也確實不同程度地經歷了失去。整個人生就是一個不斷地得而復失的過程。一個不懂得什麼時候該失去什麼的人，就是可悲的人。誰違背這個過程，就會像那隻貪婪的蟲子，終於累倒在地，爬不起來。

俄國著名詩人普希金在一首詩中寫道：「一切都是暫時，一切都會消逝；讓失去的變為可愛。」居里夫人的一次「幸運失去」就是最好的說明。一八八三年，天真爛漫的瑪麗亞在國中畢業後，因家境貧寒沒錢去巴黎上學，只好到一個某戶人家的家裡去當家庭教師。她與家庭裡頭的大兒子凱西密爾相愛，就在他倆私下計畫結婚時，卻遭到凱西密爾的父母反對。這兩位老人雖然深知瑪麗亞生性聰明，品德端正。但是，貧窮的女教師怎麼能與自己家庭的財富和身分相匹配？父親大發雷霆，母親幾乎暈了過去，凱西密爾只好屈從了父母的意志。

失戀的痛苦折磨著瑪麗亞，當時她曾有過「向塵世告別」的念頭。幸好瑪麗亞畢竟不是平凡的女人，她放下情緣，刻苦自學，並幫助當地貧苦農民的孩子學習。幾年後，她又與凱西密爾進行了最後一次談話，她發現凱西密爾還是那樣優柔寡斷，她終於決定結束這段感情，去巴黎求學。這一次「幸運的失戀」，雖然是一次失去。但如果沒有這次失去，她個人的歷史將會是另一種寫法，或許世界上就會少了一位偉大的科學家。

當我們學會習慣於失去，我們往往能從失去中獲得更多。得其精髓者，人生則少有挫折，多有收穫。人的心情也會從幼稚走向成熟，從狹隘走向博大。

天下事，豈能盡如吾意？心境須恰適，盡其在我，隨遇而安。

得未必得，失未必失

你是否注意過，你的痛苦是怎麼來的，什麼樣的情況讓你覺得悶悶不樂呢？是不是你想要得到某些東西，但卻得不到，於是你憤恨、嫉妒、氣急敗壞？抑或是你不想失去什麼，卻偏偏失去，於是你變得沮喪、挫折、怨天尤人？你既擔心得不到所要的東西，又害怕失去自己所擁有的。得失之間，內心忐忑，心豈能不苦？

其實，任何事物都是一樣——有得必有失，有失必有得，得失都是相對的。當你失去某些東西，就會得到另一些東西；當你想要得到某種東西時，你也會失去另一種東西。

一對經常吵架的夫妻，有一天一起出遊，經過一座湖。太太看到湖上兩隻天鵝恩愛地依偎在一起，就感慨地說：「你看，牠們多恩愛呀！」

丈夫聽了，默不作聲。

到了下午，這對夫妻回家時，又經過那座湖，依然看見公鵝、母鵝在湖面上卿卿我我，真是令人羨慕！

此時，妻子又開口了：「你要是能像那隻公鵝一樣體貼溫柔，那就好了。」「是啊！我也希望如此啊！」先生指著湖面上的那一對鵝說：「不過，妳有沒有看清楚，現在那隻母鵝，並不是早上那一隻喔！」

任何事物皆有「互為因果」的關係。今天某件看起來「得」的事物，可能已經種下明天另一件事物「失」的因數。相對來說，明日之「失」也可能是後日之「得」。

比方，今天有人中了大獎，或升了官，發了財，看來是件值得歡喜的事；然而，誰曉得這種種幸運會成為明天種種悲苦的因緣？譬如說，就因為有了錢，引來搶匪或親友的覬覦，甚至釀成殺身之禍；或是因為有了金錢，做更大的投資，到最後反而血本無歸，家破人亡。

得失是很難有定論的。曾聽過一則故事——

有一個政治人物到一間精神病院參觀，院裡的護理長逐一地向他解說每一位病患的狀況。有一位病人手中握著一張照片，一邊哭一邊用頭撞牆壁。

政治人物問：「這個人怎麼啦？他發生了什麼事？」

護理長說：「他以前曾深愛過一個女人——就是他手裡一直握著的那張照片上的女人，不論醒著或睡時，都不肯將照片放下。但是那女人卻嫁給了別人，所以他才會發瘋。」

政治人物說：「真是令人感傷的故事。」

這時隔壁房間又有一個人正用頭用力撞牆。政治人物問：「天啊！他又怎麼了？」

護理長說：「他就是娶了那個女人的人！他一直想自殺，所以就被送進了瘋人院。」

真可謂「得未必得，失未必失」，不是嗎？

黑夜使眼睛失去它的作用，但卻使耳朵的聽覺更為靈敏。當你失去所有身外的價值時，別忘了你還有生命的價值。

得失兩便，悠然處之。什麼是得？得到喜歡的女人是「得」吧，但你在得到的同時，意味著要失去單身時代的無拘無束。得到一份滿意的工作是得吧，但也意味著你失去進入其他更好工作的機會……世界上任何一個得到，必然伴隨著失去。同理，世界上任何一個失去，也意味著得到。其實，得與失之間亦此亦彼、互相依存、互為轉換的關係，在婦孺皆知的「塞翁失馬」寓言中，已經對此作了形象的展現。

然而，生活中不乏有人看不透徹，想不明白。那些自以為精明的人最容易患得患失。患得患失的人不僅為失而痛苦，還會為得而憂慮。失去了官位會痛苦，而得到了官位也未必開心得起來，他們會為如何保住自己的位置而憂慮，為再往上爬而傷神。這種人處心積慮、挖空心思、巧取豪奪，整天生活在這樣的心態之中，即使是權傾天下、富可敵國，又有什麼生活的品質？

人的情緒與行為很容易被得失所左右。人的一生，總是在不停地經歷得與失。得到自然高興，失去難免悲傷——這是一般人的正常反應。但深知糊塗三味的人，不會輕易為了得失而費神。

小君從高中起就一直暗戀同學阿明，在她的日記上，有太多關於阿周的事情。她簡直無法想像自己如果不能得到阿周，以後會如何度過。最後她得到了嗎？沒有，在大學畢業的那年，小君向他坦言了自己的心事，卻遭到了委婉的拒絕。小君感覺天塌下來。但天真的塌了嗎？肯定沒有，十年後的同學會上，我們見到小君一家三口和阿周夫妻兩人。他們各自有了自己幸福的家。

類似小君的經歷，我們不少人一定也有過，曾經那麼地深愛一個人——比如初戀，認為對方是如此攸關自己一生的幸福。但初戀又有幾對能走到最後？大家不還是各走各的路嗎？而那些從初戀如願走向紅地毯的幸運兒們，後來能偕老的又有幾對？

我記得我在年幼時因為丟失了一個漂亮的鉛筆盒而傷心哭泣，少年時為一場球賽輸了而徹夜難眠，出社會時因為失業而痛苦。這些事情，在當時的我心中是何等重要！但事過境遷後的今天，我發現那些事情其實都不怎麼重要。也就在我發現這個現象後，當我再次遇到「很嚴重」的事情時，我會努力告訴自己，沒關係，這事沒有那麼緊張，也就像我丟失的鉛筆盒或輸了球賽一樣，並不會對我人生造成多大的影響。這樣一想，心裡就豁然開朗了。反過來看，當你突然得到一個驚喜時，也不必過於高興，因為，得到的也許就是兒時的鉛筆盒而已。

人一旦想通了，再遇上什麼得失就會不怎麼放在心頭了。徐志摩曾說：「我將於茫茫人海中訪我唯一靈魂的伴侶，得之，我幸；不得，我命。如此而已。」這是他在追求陸小曼時說的話。他得到了陸小曼，但為了滿足陸奢靡的生活，他頻繁地往來於南北授課，最後將自己三十四歲的生命獻給碧藍的天空——他死於一九三一年的飛機失事。他終於輕輕地從陸小曼的身邊走了，正如他輕輕地來，他輕輕地揮手，沒有帶走陸小曼身邊的一朵雲彩。

看了上面這個小故事，我們難道不會糊塗嗎？如果徐志摩沒有得到陸小曼，他的生命會在風華正茂中凋謝嗎？如果他沒有在風華正茂中凋謝，在往後苦難深沉、變幻莫測的中國時局中，他的愛情以及他個人，又會面臨著怎樣考驗？到底是得之是我幸還是不得是我幸？我們不知道答案，我們糊塗了。在糊塗之中，我們對於答案不再追問，對於得失不再看重。

榮辱得失是長久不了的，世俗的榮譽只能給人帶來煩惱。

寵辱不驚，順其自然

「我很累」和「很煩，別惹我」之類的口頭語在當今社會廣泛流行，這一現象引起了許多社會學家與心理學家的困惑：為什麼社會在不斷進步，而人的負荷卻更重，精神愈發空虛，思想變得容易躁動？

科技的迅速進步，使我們嚐到了社會文明的甜頭，先進的交通工具、通訊工具、娛樂場所……然而文明的社會上有一個缺點，就是造成人與自然的日益分離，人類以犧牲自然為代價，其結果便是陷於世俗的泥淖而無法自拔，追逐於外在的禮法與物欲而不知什麼是真正的美。金錢的誘惑、權力的紛爭、政治的沉浮讓人殫精竭慮。是非、成敗、得失讓人或喜、或悲、或驚、或詫、或憂、或懼，一旦所欲難以實現，一旦所想難以成功，一旦希望落空成了幻影，就會失落、失意乃至失志。而那些實現了夢想的呢，又很難真正滿足，他們如同一隻沒有腳的小鳥永遠只能飛翔，在勞累中飛向生命的終點。

失落是一種心理失衡，失意是一種心理傾斜，失志則是一種心理失敗。而勞累表面上是體力的疲憊，實則發自內心。身心俱疲卻找不到一個停靠的港灣，是一件多麼無奈與絕望的事情！

出家人講究四大皆空，超凡脫俗，自然不必計較人生寵辱。而生活在滾滾紅塵之中的你我，誰也逃離不開寵辱。在寵辱問題上，若能做到順其自然，那才叫灑脫。一個人，當你憑著自己的努力實幹，憑自己的聰明才智獲得了應得的榮譽或愛戴時，應該保持清醒的頭腦，切莫受寵若驚，自覺霞光萬道，好似「給點光亮就覺燦爛」，如三國時阮籍所云：「布衣可終身，寵祿豈可賴。」一個人的寵辱感很大程度上是來自於別人對自己的一種評價，而生命不應該是活給別人看的。生命可以是一朵花，靜靜地開，又悄悄地落，有陽光和水分就按照自己的方式生長。生命可以是一朵飄逸的雲，或捲或舒，在風雨中變幻著自己的姿態。

老子的《道德經》中說：「寵辱若驚，貴大患若身。何謂寵辱若驚？寵為下，得之若驚，失之若驚，是謂寵辱若驚。何謂貴大患若身？吾所以有大患者，為吾有身，及吾無身，吾有何患？」大意是：「對於尊寵或污辱都感到心情激動，重視大的憂患就像重視自身一樣。為什麼說受到尊寵和污辱都讓人內心感到不安呢？因為被尊寵的人處在低下的地位，得到尊寵感到激動，失去尊寵也感到驚恐，這就叫做寵辱若驚。什麼叫做重視大的憂患就像重視自身一樣？我之所以有大的憂患，是因為我有這個身體；等到我沒有這個身體時，我哪裡還有什麼禍患！」

天空沒有翅膀的痕跡，而我已飛過！

身放閒處，心在靜中：雲中世界，靜裡乾坤。

莫攀比，勿眼紅，做自己

所謂「攀比」，不是指一般的比較，而是「攀」住別人比較，是拿自己的無與別人的有、自己的不足和別人的足相比。人類歷來有喜歡攀比的習慣。大型的同學聚會上，小美和小華，兩人都各為了面子，說著自己的老公如何賺錢，又如何對自己好。各自回家，小美會對自己的老公說：「唉，小華長得不是很好看，為什麼就能找到一個對她好得不得了的老公？」小華回到家，對自己的老公說：「小美上學時成績平平，看不出什麼能耐，居然找了一個富豪做老公！」

人與人之間總是存在差距的。一味地攀比只會讓自己陷入無邊的痛苦之中。有的人總是與周圍的人比，他買了房子，我租房。有那麼一天自己也買了房子，又發現有人的房子比自己寬敞；還要與周圍的誰比，他家的經濟收入比我家多，他的公司很好，職位好、薪資高等。瞪大了眼睛直直注視著別人，拿自己的缺失去比較別人的好與多，心裡總不願讓別人比自己強，還總想著為什麼自己不能比他們的地位還要高、收入更多、房子更大……這些人活著才真的很累，處心積慮地想要事事比別人的好，絞盡了腦汁，費盡了心機，又傷腦，又煩心，最終結果還是難以如意。

攀比其實就是一味殘害心靈的毒品。一則山外有山，天外有天。一味地攀比，你永遠也沒有一個盡頭。比錢多，你能比過比爾蓋茲？就算你比過了他，還有比他有權的呢？你怎麼比？難道要成為無所不能的上帝？二則尺有所短，寸有所長。或許在你羨慕別人有錢的時候，別人正羨慕你的悠閒，羨慕你的家庭和睦呢？

到底誰比誰好呢？客觀地比較後，你會發現連自己都糊塗了。糊塗就好，還勞心勞力去比較什麼？家家有本難念的經，你做你的就是了。

他騎駿馬我騎驢，仔細思量我不如，回頭看見推車漢，上雖不足下有餘。

第五章 「忍」是通往糊塗的必經途徑

人的一生，都經常會遭到別人的誤解、責難、攻擊甚至凌辱。面對這些，你可以選擇解釋、反詰、回擊以及反抗。但生活是瑣碎的，你要是對於所有自認為不公平的事情一一回應，不僅使自己掉入了疲於與人周旋的境地，還容易將矛盾激化與擴大。

一個成熟的人，其標誌之一就是學會「忍」、能夠「忍」。在智者眼裡，忍顯示的是一種胸懷，是內心寬廣、無所私欲的表現。忍顯示的是一種信心，是強者相信自己的表現。英雄等待出頭之日，要忍，別人打你耳光需要忍，甚至連夫妻生活也需要忍。忍中具有道德、智慧，忍中具有真善美。在忍中不覺得苦，不覺得累。

有多大的事情是你所不能忍受的呢？生活中的矛盾，太多的是微不足道的小事，不如糊塗一些，忍一忍就過去了。人要像一根彈簧一樣，能屈能伸。否則，一味地強硬著自己伸展，你自己累，身邊的人也累。而適當地收縮一下自己，也許你和別人的過節就過去了。

煩惱皆因不忍而生

你不妨回想一下，過去了的多少口角、爭鬥與矛盾是可以避免的呢？與陌生人的不小心的碰撞，伴侶間一句不經意的責怪……進而引起紛爭，並將衝突升級。諸如此類的生活瑣事，不勝枚舉。其實這些小事，只要稍稍忍耐一下，便會煙消雲散，天地清明。

古人說得好：「忍一時之氣，免百日之憂。得忍且忍，得戒且戒；小忍不戒，小事成大。一切諸煩惱，皆從不忍生。」而在生活中，「忍」是醫治磨難的良方。因為生活中的瑣碎小事太多，一不小心就會招惹是非。遇事糊塗一點，忍一時風平浪靜，退一步海闊天空。忍一時既是脫離被動局面的對策，同時也是一種意志、毅力的磨練。

在古希臘神話中，有一個叫海格力斯的大力士。有一天，海格力斯在山路上發現腳邊有個袋子似的東西很礙腳，海格力斯踩了那東西一腳，誰知那東西不但沒被踩破，反而膨脹了起來，加倍地膨脹著。海格力斯惱羞成怒，舉起一根木棒砸向它，那東西竟然瞬間大到把路堵住了。正在這時，山中走出一位聖人，對海格力斯說：「朋友，別動它，忘了它，離開它遠去吧！它叫仇恨袋，你不犯它，它便微小如當初，你侵犯它，它就會膨脹起來，擋住你的路，與你敵對到底。」

其實，生活中我們也經常步入海格力斯遭遇過的陷阱。遇到矛盾時，不少人不願意當退一步的那一方，步步緊逼，據理力爭，死要面子，認為忍讓就是沒有面子失了尊嚴，最終只能使得矛盾不斷的升級，不斷的激化。其實忍讓並不是不要尊嚴，而是成熟、冷靜、理智，心胸豁達的表現，一時退讓可以換來別人的感激和尊重，避免矛盾的加深，豈不更好。社會就像一張網，錯綜複雜，我們難免與別人有誤會或摩擦，要學會尊重你不喜歡的人，要寬容地去漠視仇恨袋，那樣才會多一些和諧。

自古先人歷來推崇處世要「忍讓」。孔子說：「百行之本，忍之為上。」蘇東坡也說：「匹夫見辱，拔劍而起，挺身而鬥，此不足為勇也。天下有大勇者，卒然臨之而不驚，無故加之而不怒，此其所挾者甚大，而其志甚遠也。」到了元代，吳亮和許名奎分別以「忍」為主題，寫作了《忍經》和《勸忍百箴》，以規勸世人提高「忍」的能力。那種遇事少謀，猝然而行，稍有不順，就動怒的人，難免會禍及自身。孔子曾告誡子路曰：「齒剛則折，舌柔則存，柔必勝剛，弱必勝強。好鬥必傷，好勇必亡。百行之本，忍之為上。」

忍，是一種等待，為圖大業等待時機成熟，忍之有道。這種忍，不是性格軟弱，忍氣吞聲、含淚度日之舉，而是高明人的一種謀略，是為人處世的上上之策。

退一步海闊天空

記得這是一位外國學者的話，意思是指懂得生活的人，並不會一味地爭強好勝，在必要的時候，寧肯後退一步，做出必要的自我犧牲。

明朝正德年間，朱宸濠起兵反抗朝廷。王陽明率兵征討，一舉抓獲朱宸濠，立了大功。當時受到正德皇帝寵信的江彬十分嫉妒王陽明的功績，以為他奪走了自己大顯身手的機會，於是，散布流言說：「最初王陽明和朱宸濠是同黨。後來聽說朝廷派兵征討，才抓住朱宸濠以自我解脫。」想嫁禍並抓住王陽明，作為自己的功勞。

在這種情況下，王陽明和張永商議道：「如果退讓一步，把抓獲朱宸濠的功勞讓出去，可以避免不必要的麻煩。假如堅持下去，不做妥協，那江彬等人就要狗急跳牆，做出傷天害理的勾當。」為此，他將朱宸濠交給張永，使之重新報告皇帝。朱宸濠捉住了，是總督軍們的功勞。這樣，江彬等人便沒有話說了。

王陽明稱病休養到淨慈寺。張永回到朝廷，大力稱頌王陽明的忠誠和讓功避禍的高尚事蹟。皇帝明白了事情的始末，免除了對王陽明處罰。王陽明以退讓之術，避免了飛來橫禍。

以退讓求得生存和發展，其中蘊含了深刻的哲理。洪應明在《菜根譚》中指出：「徑路窄處，留一步與人行；滋味濃時，減三分讓人嘗。此是涉世一極安樂法。」這句話旨在說明謙讓的美德。在道路狹窄之處，應該停下來讓別人先行一步。只要心中經常有這種想法，那麼人生就會快樂安祥。

表面上讓步看上去有點糊塗，但結果是獲得的比失去的多。這是一種圓熟的、以退為進的做法。書中說：「人情反復，世路崎嶇。行去不遠，須知退一步之法；行得去遠，務知三分之功。」今日的朋友，也許將成為明日的仇敵；而今天的對手，也可能成為明天的朋友。世事一如崎嶇道路，困難重重，因此走不過的地方不妨退一步，讓對方先過，就是寬闊的道路也要給別人三分便利。這樣做，既是為他人著想，又能為自己留條後路。

一條小路若大家爭先恐後就顯得愈發狹窄，誰也過不去；若是讓別人先行一步，那麼自己也許會有較寬的道路可以輕鬆地通過。兩相比較之下，為什麼不選擇利於自己的做法呢？更積極的做法是：「處世讓一步為高，退步即進步；待人寬一分是福，利人實利己。」

徑路窄處，留一步與人行；滋味濃時，減三分讓人嘗。此是涉世一極安樂法。

小不忍則亂大謀

誰不想功成名就，誰不想轟轟烈烈闖出一番驚天動地的大事業。可是這世界上能做事的人不少，成大業的卻不多，究其原因，各種方面的主客觀因素都有。比如要有良好的社會背景，有千載難逢的機遇，也要有智商、有文化、有修養等等。其中，「忍」也是成就大業的必備心理素質。日本前首相竹下登，在他的整個政治生涯中，無時無刻不得益於他的忍耐精神。竹下登在談到他的經驗時說，「忍耐和沉默」是他在協助老師佐滕榮作首相時所學到的政治風度。

孔子曰：「小不忍，則亂大謀」。也就是說想成大業、做大事，就得忍住那些小欲望，或一時一事的干擾。說白了，就是「放長線釣大魚」。縱觀歷史，凡成就大事者莫不負重前行，忍字當頭。今人要想做一番事業，實現自己的人生理想，也必須學會忍耐。要忍得住一時的寂寞，耐得住一時之不公。具備了極大的忍耐力，方能戰勝自我，勇往直前，達到成功的彼岸。

據《史記．淮陰侯列傳》記載，韓信年輕時「從人寄食」，也就是說他沒有固定的工作與收入，以致於吃飯都只能到人家家裡去吃飯，所以「人多厭之者」，即當地的人都很討厭他。想想也是，韓信作為一個血氣方剛的大男人，整天拿著一把劍，什麼事也做不了，到處和別人討飯吃，難免會招來輕蔑與侮辱。

在韓信經常去吃飯的人家中，最常去的是南昌亭長家（亭長的職位介於當今的鎮長與村長之間）。韓信因為經常去南昌亭長家裡吃飯，亭長的妻子開始感到不滿。然而怎麼樣才能將韓信這個無業遊民拒之門外呢？女人自然有女人的辦法，妻子半夜爬起來做飯，天亮之前全家人就把飯一掃而光。韓信早上起床，空著肚子來亭長家吃飯，一看飯已經吃完了，當然明白了人家的意思。韓信一賭氣，就和南昌亭長絕交了。

在當地，大家都瞧不起韓信。有一天，市面上一個流氓看韓信不順眼，就挑釁韓信：「韓信你過來，你這個傢伙，個子是長得蠻高的，平時還帶把劍走來走去的，我看啊，你是個膽小鬼！」流氓這麼一說，周圍瞬間湧上來一群人看熱鬧。流氓一見氣勢正足，就想趁這個機會出風頭，於是進一步挑釁：「韓信你不是有劍嗎？你不是不怕死嗎？你要不怕死，你就拿你的劍來刺我啊！你敢給我一劍嗎？不敢吧？那你就從我兩腿之間爬過去。」

這一下子將韓信逼入了一個面臨兩難選擇的境地——殺？還是爬？無論哪一個選擇，韓信都會受傷。韓信是怎麼選擇的呢？司馬遷用三個字來描寫：「孰視之」，也就是盯著對方看。看了一陣子，韓信把頭一低，就從這個流氓的胯下爬過去了，惹得圍觀的眾人哄堂大笑。

正是這個人皆可辱的韓信，後來幫助劉邦成就了一番偉業，同時也成就了自己的功名。相信司馬遷在寫到韓信遭受胯下之辱時，一定是思緒難平。因為司馬遷也同樣受過「胯下之辱」，而且，他受到的侮辱比韓信的還要沉重。他遭到官刑——這更是一個男人難以承受的奇恥大辱，但司馬遷還是忍下來了。他堅強地活著，因為他要完成《史記》這部偉大的著作。

韓信能忍，作為韓信的老大，劉邦也同樣能忍。蘇軾在《留侯論》中雲：「觀夫高祖之所以勝，而項籍之所以敗者，在能忍與不能忍之間而已矣。」讓我們來看漢高祖劉邦是如何「忍」的。

西元前兩百零三年，韓信降服了齊國，擁兵數十萬，而此時劉邦正被項羽軍緊緊圍困在滎陽。這時早已重兵在手的韓信派使前來，要求漢王劉邦封他為「假王」，以鎮撫齊國。劉邦大怒說：「我在這裡被圍困，日夜盼著你來幫助我，你卻想自立為王！」張良、陳平湊近他的耳朵說：「目前漢軍處境不利，怎麼能禁止韓信稱王呢？不如趁機立他為王，安撫善待他，讓他鎮守齊國。不然可能發生變亂。」漢王劉邦醒悟，又故意裝傻罵道：「大丈夫平定了諸侯，就該做個真王，何必做個假王呢？」於是就派遣張良前去宣布韓信為齊王，徵調他的軍隊攻打項羽軍。劉邦忍住怒氣，立韓信為齊王，徵調韓信的部隊，很快就扭轉了漢軍的不利地位，同時也安撫住了擁兵數十萬的韓信。假如他不忍，把韓信大罵一頓，不封韓信為齊王，這樣不但可能失掉韓信，而且可能給自己帶來禍殃。

在一個肉弱強食的世界裡，「忍」是一種韌性的戰鬥，是一種糊塗的做人策略，是戰勝人生危難和險惡的有力武器。凡能忍者，必定志向遠大。凡志向遠大者，必定能夠識大體、顧大局。而忍就是識大體、顧大局的表現。縱觀歷史，能成非常之事的人都懂得忍的意義。因此，清人金蘭生在《格言聯璧．存養》中說：「必能忍人不能忍之觸忤，斯能為人不能為之事功。」

帝王以忍得天下；將相以忍得長久；商賈以忍得富貴；常人以忍得知己。

提防別人故意激怒你

憤怒是一種激烈情緒的表現。狡猾的人會利用操縱別人的情緒，適時激怒別人，以達到自己的目的。因為人的血壓升高，智商一定下降。

在法庭辯論中，我們經常可以看到律師故意去激怒對方，以便於打亂對方的思路，讓對方說出一些對己不利的話。比如說有一位男子名叫詹姆斯，曾經是律師，他做律師時有一件法寶——那就是激怒對方。他在法庭上如果碰上言簡意賅的對方證人，或碰上思路嚴謹的辯護人，就馬上設法激怒人家。一旦對方上當，很容易說出一些本來不應該說的話，露出破綻。總之，對方一發脾氣，陣腳便亂了。詹姆斯在回憶他的律師生涯時，驕傲地笑道：「我最喜歡看到他們大發脾氣。他們一發脾氣，就亂了陣腳，使自己陷入絕境。」

在生活與工作中，我們也會遇到被別人故意激怒的情況。小江有一次跟隨廠長與外商談判，因為廠長的一個疏忽而沒有取得預期的談判效果。回來後，廠長陷入了深深的自責之中。小江和同去的其他人員，也一直為談判失敗的原因保密。但經不住同事小張屢次當著大家的面一個勁地嘲笑小江「無能」。小江忍無可忍，終於將談判失敗的原因一一細數，表明是因為廠長的疏忽而非自己「無能」。雖然沒有當著廠長說這一番話，但可想而知，這話很快就傳到了廠長的耳朵裡了。結果，原本很有可能升為組長的小江，在競爭中，敗給了小張。是小張在故意耍陰謀嗎？我們完全有理由這樣懷疑。我們假設小江當時糊塗一點，裝作沒有聽見小張的挑釁，或者再糊塗一點，乾脆就默認是自己的「無能」，結果又會如何呢？

我們再看明代作家馮夢龍在《智囊》中記錄的一則佚事——

長州大戶尤翁，他開了三個典當鋪。年底某一天，忽聽門外一片喧鬧聲，出門一看，是位鄰居。站在櫃臺的夥計上前對尤翁說：「他將衣服押了錢，今天空手來取，我不給他他就破口大罵，有這樣不講理的嗎？」鄰居仍氣勢洶洶，破口大罵。尤翁像沒有聽見咒罵聲一樣，和氣地對鄰居說：「這點小事，值得這樣嗎？」說完便請店員找出典物，共有衣物蚊帳四五件。尤翁指著一幅說：「這件衣服禦寒不能少。」又指著棉絮做成的外套說：「這件給你拜年用，其他東西現在不急用，可以留在這兒。」鄰居拿到兩件衣服，無話可說，立刻離去。我們知道，生意人是在商言商，一般是不會講什麼情面的，像尤翁這樣的商人，為什麼就那麼糊塗了呢？尤翁告訴夥計說：「凡極度無理挑釁的人，一定有所倚仗。如果在小事上不忍耐，那麼很容易惹上大的災禍。」果然，當天夜裡，鄰居竟死在別人家裡。他的親屬同那家人打了一年多的官司。原來鄰居負債多，已經服下毒藥，知道尤家富貴，想敲筆錢給家人日後用，結果沒有找到一個由頭，就趕到另外一家，和對方大吵後死在那裡。

尤翁當然不是諸葛亮，事先也不會清楚明晰地料到後果。但他善於忍讓、裝傻的性格，會幫他過濾掉不少災難。在生活中，我們也難免會碰到一些蠻不講理的人，甚至是心存惡意的人，有時還會無緣無故地遭到這種人的欺侮和辱罵。每當遇到這樣的事，常讓人覺得忍無可忍。可是，你想過有時別人正是想利用你的「忍無可忍」嗎？你不忍說不定正中別人下懷，中了別人的圈套。

忍字頭上一把刀，遇事不忍禍必招；如能忍住心中氣，過後方知忍字高。

如何提高忍讓的指數

人們無論做什麼，都喜歡要一個理由。發飆大概都有發飆的理由，忍的理由又在何處？

忍的理由可以有很多，如我們前面說到的保護自己等等，但還有一個重要的理由，你不屑計較。也許很多人會對這個理由感到困惑：「別人都騎到我頭上了，我怎麼能夠做到不屑呀？」

是的，即便別人騎到你頭上，你也可以不屑。蘇軾在《留侯論》中雲：「匹夫見辱，拔劍而起，挺身而鬥，此之不足為勇者。天下有大勇者，猝然臨之而不驚，無故加之而不怒，此其所挾者甚大，而其志甚遠也。」他這段話的大意是：人受到一些侮辱就會衝動得與對方爭鬥，甚至敢於搏命，其實這根本就稱不上勇敢；天下有一種真正勇敢的人，遇到突發的情形毫不驚慌，無緣無故侵犯他也不動怒——他們為什麼能夠這樣呢？因為他胸懷大志，目標高遠啊。

胸懷大志、目光高遠者往往不拘小節，不會為眼前一些小事情而衝動盲動，以致於打亂成大事的節奏、分散成大事的精力。打個比方，一個立志屠龍的勇士，絕不會理會行進途中惡狗的吠叫，他沒有時間也懶得花精力去反擊。

生於戰國末年的張良本來名叫姬良，他是韓國的名門之後，其祖父和父親相繼為韓相國，侍奉過五代君王。在西元前兩百三十年，韓首當其衝遭秦滅。從公子淪落為亡國之奴，二十歲出頭的姬良一度壓不住他對秦王的怒火，衝動地想學荊軻刺殺秦王。在西元前兩百一十八年，他孤注一擲地發動了行刺，結果事情未成反而險些讓自己喪命。僥倖逃脫後，姬良改姓名為張良，於躲避秦王通緝中幸遇上老人。老人刻意侮辱張良，讓張良明白自己身上的使命是滅了暴秦而非殺秦王。一個身負重大使命的人，看事物的眼光驟然開闊，心胸也不再狹窄。後來，張良以他堅毅的忍耐力、冷靜的思考能力，輔助劉邦滅秦誅楚建漢，建立了一番偉大的功業。

因為身負重任，所以懶得搭理微小的紛擾。和他們身上的「負重」相比，譏笑、侮辱算不了什麼。也許，成語「忍辱負重」應該這樣說更符合邏輯——「負重忍辱」——因為「負重」，所以「忍辱」。在你感覺忍無可忍的時候，想一想你有一個宏大的志向嗎？如果有，又何必為了一些小事而衝動？要提高自己的忍讓指數，說白了就是「我不和你們一般見識，或者這些小事我懶得計較。為什麼？因為我還有更要緊的大事要去做。」人的眼光與思想到了這個層次，對於絕大多數「忍無可忍」的事件就會糊塗了、超脫了。齒剛則折，舌柔則存。柔必勝剛，弱必勝強。百行之本，忍之為上。

如何控制自己的脾氣

人生難免遇到不如意的事情。許多人遇到不如意的事常常會生氣，生怨氣、生悶氣、生閒氣、生怒氣。殊不知，生氣，不但無助於問題的解決，反而會傷害感情，弄僵關係，使本來不如意的事更加不如意，猶如雪上加霜。更嚴重的是，生氣極有害於身心健康，簡直是自己「摧殘」自己。

德國學者康德說：「生氣，是拿別人的錯誤懲罰自己。」古希臘學者伊索說：「人需要平和，不要過度地生氣，因為從憤怒中常會產生出對於易怒的人的重大災禍來。」俄國作家托爾斯泰說：「憤怒使別人遭殃，但受害最大的卻是自己。」

美國生理學家愛爾馬，為研究生氣對人體健康的影響，進行了一個很簡單的實驗：把一支玻璃試管插在有水的容器裡，然後收集人們在不同情緒狀態下的「氣水」，結果發現即使是同一個人，當他心平氣和時，所呼出的氣變成水後，澄清透明，一無雜色；悲痛時的「氣水」有白色沉澱；悔恨時有淡綠色沉澱，生氣時則有紫色沉澱。愛爾馬把人生氣時的「氣水」注射在大白鼠身上，不料只過了幾分鐘，大白鼠就死了。這位專家進而分析：如果一個人生氣十分鐘，其所耗費的精力，不亞於參加一次三千公尺的賽跑；人生氣時，體內會合成一些有毒性的分泌物。經常生氣的人無法保持心理平衡，自然難以健康長壽，活活氣死者也並不罕見。另一位美國心理學家，經過實驗研究表明，如果一個人遇上高興的事，其後兩天內，他的免疫能力會明顯增強；如果一個人遇到了生氣的事，其免疫功能則會明顯降低。

生氣既然不利於建立和諧的人際關係，也極有害於自己的身心健康，那麼，我們就應當學會控制自己，儘量做到不生氣，萬一碰上生氣的事，要提高心理承受能力。自己幫自己「消氣」。要學會息怒，要「提醒」和「警告」自己，「萬萬不可生氣」、「這事不值得生氣」、「生氣是自己懲罰自己」，使情緒得到緩衝，心理得到放鬆。

把氣憤的情緒消滅在萌芽狀態。要認識到容易生氣是自己很大的不足和弱點，千萬不可認為生氣是「正直」、「坦率」的表現，甚至是值得炫耀的「豪放」。那樣就會放縱自己，真有生不完的氣，害人害己，遺患無窮。

從前，有個脾氣極壞的男孩，到處樹敵，人人都唯恐避之不及。男孩自己也為自己的脾氣而苦惱，但他就是控制不住自己。

一天，父親給了他一些釘子，要求他每發一次脾氣都必須用鐵錘在後院的柵欄上釘一個釘子。

第一天，小男孩一共在柵欄上釘了三十七個釘子。過了一段時間，由於學會了控制自己的憤怒，小男孩每天在柵欄上釘釘子的數目逐漸減少了。他發現控制自己的脾氣比往柵欄上釘釘子更容易，小男孩變得不愛發脾氣了。

他把自己的轉變告訴了父親。父親建議說：「如果你能堅持一整天不發脾氣，就從柵欄上拔掉一個釘子。」經過一段時間，小男孩終於把柵欄上的所有釘子都拔掉了。

父親拉著他的手來到柵欄邊，對小男孩說：「兒子，你做得很好。可是，現在你看一看，那些釘子在柵欄上留下了小孔，它們不會消失，柵欄再也不是原來的樣子了。當你向別人發脾氣之後，你的那些傷人的話就像這些釘子一樣，會在別人的心中留下傷痕。你這樣就好比用刀子刺向某人的身體，然後再拔出來。無論你說多少次對不起，那傷口都會永遠存在。」其實，口頭對人造成的傷害與傷害人們的肉體沒什麼兩樣。

生氣就是用別人犯的錯誤來懲罰自己。糊塗的人都不愛生氣，為人很大度很寬容，因為他們知道生氣是徒勞的．犯錯的人一點都沒有反悔之意，而自己卻弄壞了身體。

世上沒有絕對的公平

人之所以難以忍受，是覺得自己遭受了不公平的待遇，自己應該反抗。

誰會願意承受不公平呢？但人世間紛紛擾擾，又豈是「公平」二字能概括與規範得了的？渴求公平是人的一種正常心理。但我們要明白，這個世界從來就沒有絕對的公平。無論是自然界還是人類，都是沒有絕對公平存在的。鳥吃蟲子，對蟲子來說不公平；蟲子吃樹葉，對於樹來說是不公平的……只要環顧一下大自然，我們就會發現，很多事物是很難用公平來衡量的。如果要要求一切公平，那麼大自然立刻就會失去生機勃勃。

而生活中，生不公平，有人生於富貴人家，有人生於白屋寒門；死不公平，有人幼年夭折，有人壽比南山。佛家的解釋是前世注定今生，今生注定來世。但今生的我並不能決定前世的善惡，卻要讓我今生來承受前世的因緣，這公平嗎？今生的我雖然可以決定來世的「我」，但來世的「我」和「他」又有什麼區別？——這同樣不見得怎麼公平。生與死都不公平，你憑什麼去要求處於生死之間的人生旅程中事事公平？

古羅馬政治家兼哲學家塞涅卡曾說：「生活是不公平的，而所謂的公平，則是把一切看得到的不公平掩埋起來。」把「一切看得到的不公平掩埋起來」，其實就是一種大智慧的糊塗。既然不公平絕對存在，那就不去計較，用平和之心待之。

主管在下班時對你說：「今天你加班。」可是昨天你才加了班，同事都休息了，怎麼今天又是自己？不公平吧？其實，不要計較什麼公平不公平，糊塗一點，加班就加班吧，什麼都別說了。也許，你接連加兩天班後也會讓別人接連加班呢。也許，是主管看中你的能力給你鍛煉的機會；也許，是主管忘記了你昨天才剛加班……也許，沒有也許。別想那麼多，糊塗，還是糊塗些好。

你還需要明白的是，公平需要放在一個較長的時間範圍裡去看。唐僧師徒經歷了九九八十一難才取回真經，如果只經歷了八八六十四難，付出是付出了，但依然是沒有回報的。社會總體上是公平的，但我們不可能任何時候、地點，任何事情都強求絕對公平。山有高有低，水有深有淺。這個世界不存在絕對的公平。如果我們事事要求公平，必然會鑽入牛角尖中。愛默生說「一味愚蠢地強求始終公平，是心胸狹隘者的弊病之一。」

最後總結一下我對於「不公平」的觀點。一，世界上沒有絕對的公平；二，放在一個較長的時間範圍裡去看，世界相對更公平。如果你真正明白了這些，今後再遇到所謂的「不公平」時，就能做到心平氣和地面對了。

生活是不公平的，而所謂的公平，則是把一切看得到的不公平掩埋起來。認為世界不公平的人，最應該反思的是自己是否以一顆公正的心對待世界？

第六章 「捨」是完成「糊塗」的精神關卡

錢財散了、愛人離去、親人訣別……你捨得嗎？

捨不得！是的，捨不得。因為捨不得，我們想方設法去擁有、去留住；因為捨不得，我們去緬懷、去痛苦。

人之所以捨不得，歸根到底是沒有信心掌控未來，因此拚命地想要抓住今天，享有今天，全不顧及明天。你捨不得今天，如何能有明天？你捨不得付出，如何有收穫？你捨不得失去，如何有得到？《臥虎藏龍》裡有一句很經典的話：「當你緊握雙手，裡面什麼也沒有；當你打開雙手，世界就在你手中。」

佛家對於「捨得」，有一番別致的理解，有捨才有得。蛇在脫皮中長大，金自沙礫中淘出。「捨得」既是一種大自然的規則；也是一種處世與做人的規則。舍與得就如水與火、天與地、陰與陽一樣，是既對立又統一的矛盾體，相生相剋，相輔相成，存於天地，存於人生，存於心間，存於微妙的細節，囊括了萬物運行的所有機理。萬事萬物均在捨得之中，達到和諧，達到統一。

是的，「捨」中有「得」、「得」中有「捨」。明白了「捨」與「得」之間的辯證關係，我們會感到困惑——到底什麼是「捨」、什麼是「得」呢？很難說清楚是嗎？那麼就「糊塗」一點吧。在糊塗當中，該失去的失去，不懊悔、不痛苦；在糊塗當中，該放下的放下，不勉強、不拖遝。

人生只在取捨之間

古人云：「將欲取之，必先予之。」意思是你想要得到，必須捨得付出。你仔細想想，你現在的哪一項擁有，不是伴隨著捨棄而來的？

一個人如果想得到更大的功名，你必須捨棄安逸和享受；如果想得到更多的金錢，就必須捨得付出和承受疲勞；想得到婚姻的美滿，就必須捨得讓自己去遷就、忍讓伴侶……什麼都有成本，無非是得到了自己想要的，失去了為此所必須付出的。這便是「舍」與「得」的辯證關係。

人生在世，隨著年歲漸長，背上的包袱越發沉重。權勢、地位、金錢……重負已經壓彎了我們的腰，我們卻捨不得丟下任何。不可否認，作為一個凡夫俗子，我們有著很多的欲望。這沒什麼不好，欲望本來就是人的本性，也是推動社會進步的一種原動力。但是，欲望又是一頭難以駕馭的猛獸，它常常使我們對人生的捨與得難以把握，不是不及，便是過之，於是便產生了太多的悲劇。因此，我們只要真正把握了捨與得的機理和尺度，便等於把握了人生的鑰匙、成功的門環。要知道，百年的人生，也不過就是一捨一得的重複。

捨得，便是人人為我、我為人人的人生境界。「捨得」還是一種時空的轉換，精神和物質的交流，人情和禮節的傳達，是物質世界的「流通」。懂得了「捨」與「得」之間的關係，再面對「捨」時，我們糊塗了，不會再那麼患得患失。因為「捨」是「得」的前提。「捨得」可以體現在金錢上、名利上，也可以體現在情感上、友誼上，以及日常生活中微不足道的待人接物的小事上。其「捨得」之智慧，與儒家所說的「禮尚往來」也有異曲同工之妙，但它比禮尚往來卻又高了一個層次，作為「捨」的一方，有時在其「捨」之初可能不希求回報的，而「得」是其施捨之後的自然合理的回饋，卻未必是施捨者之所企盼的。譬如，父母對子女的哺乳和撫養之感情；老師對學生的傳道授業解惑之辛勞。

想要得到太多，終將失去。要想活出精彩，就要懂得輕裝上陣，就要懂得捨棄。捨棄是一種智慧，也是一種境界，懂得捨棄的人往往會有大收穫。捨得是一種大智慧，是東方禪意中的超然狀態與處世之道。成功永遠是屬於少數人的捨得之後的犒賞。大捨大得，透射出智者豁達的氣度。古往今來，得大成而永載史冊者莫不深諳此道。

佛家總喜歡說「捨得」。是的，有「捨」才有「得」。一隻壁虎遇上了危險，會毅然捨去尾巴以換取生命。連壁虎都懂得「取捨」，人為什麼那麼執著，那麼放不下、捨不得呢？

捨得的本意是珍惜

有些東西，其實是我們想留也留不住的。比如愛情，它來得有時候會很快，走得有時候也會很快。在網路上，看到一篇發人深省的文章——故事裡頭的女人說：「我很想離開他，但每次都捨不得。」

兩個人在一起的日子久了，若真的必須分手，也不是一次就可以分得開的。明明下定決心跟對方分手，分開之後，卻又捨不得，兩個人就復合了。復合了一段時間，還是受不了對方，這一次，真的下定決心要分手了。分開之後，又捨不得。一個月之後，兩個人又再次走在一起。

女人悲觀地說：「難道就這樣過一輩子了？」

請相信我，終於有一次，妳會捨得。

捨不得他，是因為捨不得過去。和他一起曾經有過很快樂的日子，雖然現在比不上從前，但是他曾經那麼好。怎捨得他？離開之後又回去，因為捨不得從前。每一次吵架之後，都用從前那段快樂的日子來原諒他。在回憶裡，他是好的，那就算了吧。

無法忍受他，這一次真的要離開他了。可是，因為捨不得從前，於是又再給他一次機會。每次對他有什麼不滿，就用從前最快樂的那段日子來寬恕他。在回憶裡，他是曾經拿過一百分的。然而，快樂的回憶也有用完的一天。有一天，妳不得不承認那些美好的日子已經永遠過去了，不能再用來原諒他。這個時候，妳會捨得。

「愛到盡頭，覆水難收。」當愛遠走，無論它是發生在自己或者對方身上，最後的「捨得」都是唯一的出路。如果因為無法放棄曾經有過的美好，無法放下曾經擁有的執著而捨不得。除非是殫精竭慮、心灰意冷、徹底絕望，心中已經不再有燦爛的火花，甚至連那些燃燒過後的草木灰也沒有了一點溫度。這種時候，想不淡漠都難。從此對你形同陌路，對你的一切也不再有任何的回應。沒有餘恨，沒有深情，更沒有心思和氣力再做哪怕多一點的糾纏，所有剩下的，都只是無謂。有一天當發現對於過去的一切你都不再在乎，它們對你都變得無所謂的時候，這段愛肯定也就消失了。這樣何苦呢？

如果你真的珍惜那份感情，不如放手。保留那份美好的情感，不至於在最後遍體鱗傷。捨得的本意，是珍惜；放手的真義，是愛惜。愛情是如此，其他的又何嘗不是這樣呢？休別魚多處，莫戀淺灘頭，去時終需去，再三留不住。如果你真的在乎，就糊塗一點，捨得一些。

世界是陰與陽的構成，人活於世無非也就是一捨一得的重複。捨得既是一種生活的哲學，更是一種處世與做人的藝術。捨與得就如水與火、天與地一樣，是既對立又統一的矛盾體，萬事萬物均在捨得之中，其實懂得了兩個字——捨得。只有真正理解了、領悟到了，也便知道了：「不捨不得，小捨小得，大捨大得」這個道理。

布里丹之驢

人的一生，是由一連串的選擇組成。除了你的出生，所有的結果都源於你過去的選擇。你選擇了這一所大學，就意味著你放棄了另一所大學；你選擇了小青做妻子，就意味著你放棄了小美……面臨多種選擇，我們常常覺得難以做出抉擇。而難以抉擇的原因，究其根本是「捨不得」。這也想要那也想要，取捨亂人心扉。

十四世紀法國經院哲學家布利丹曾經講過一個哲學故事。有一頭驢子站在兩個重量完全相等的雜草中間。它雖然享有充分的選擇自由，但由於兩堆乾草價值絕對相等，客觀上無法分辨優劣，也就無法分清究竟選擇哪一堆好，於是它始終站在原地不能舉步，結果只好活活餓死。

這個關於選擇的困惑後來被人們稱之為「布里丹之驢」。布里丹之驢的困惑和悲劇也常折磨著人類，特別是一些缺乏社會閱歷的初涉人世者。其實我們每一個人都遇到過布里丹之驢所面對的情形，在兩綑難以辨別優劣或各有千秋的乾草之間做不出選擇。而選擇之難，難在「捨不得」。因此，與其說一個人不知道如何選擇，不如說他不知道如何捨棄。而一個人選擇得當，其實也就是捨棄適宜而已。

人生苦短，要想獲得更多，就得捨棄愈多。那些什麼都不捨棄的人，是不可能獲得他們想要的東西的，其結果必然是對自身生命最大的捨棄，讓自己的一生永遠處於碌碌無為之中。

有位記者曾經採訪過一位在事業上頗為成功的女士，請教她成功的祕訣，她的回答是──捨得。她用她的親身經歷對此作了最具體生動的詮釋，為了獲得事業成功，她捨棄了很多很多，富裕的城市生活、舒適的工作環境、數不清的假日……

有時，當提議朋友們一起聚會或集體旅遊時，我們常常會聽到朋友類似的抱怨：「唉，有時間沒錢，有錢沒時間。」其實，人生是不存在一種完美的狀態，你只能在目前的情況與條件下做出你自己的決定。選擇時不拖延，當你想著等待更好的條件時，也許你已經錯過了選擇的機會。

該放棄時一定要放棄，不放下你手中的東西，你又怎麼會拿起另外的東西呢？

天道吝嗇，造物主不會讓一個人把所有的好事都占全。魚與熊掌不可兼得，有所得必有所失。從這個意義上說，任何獲得都是以捨棄為代價的。人生苦短，要想獲得越多，自然就必須捨棄越多。不懂得捨棄的人往往不幸。曾聽朋友說起過他們公司一位女性職員的故事，其人年逾不惑仍尚未找到心上人。不是她不想結婚，也不是她條件不好，錯過幸福的原因恰恰在於她想獲得太多的幸福，或者說，她什麼也不肯捨棄，對於平平者她不屑一顧；有才無貌者她也看不上眼；等到才貌雙全了，自己地位低微又使個人的自尊心受到極大的打擊……有沒有她理想中的白馬王子呢？也許有，但我猜想，那一定是在天上而不在人間。

每一次默默的捨棄，捨棄某個心儀已久卻無緣分的朋友，捨棄某種投入卻無收穫的事，捨棄某種心靈的期望，捨棄某種思想，這時就會生出一種傷感，然而這種傷感並不妨礙我們去重新開始，在新的時空內將音樂重聽一遍，將故事再說一遍！因為這是一種自然的告別與捨棄，它富有超脫精神，因而傷感得美麗！

任何獲得都是以捨棄為代價的。人生苦短，要想獲得越多，自然就必須捨棄越多。不懂得捨棄的人往往不幸。

該放手時要捨得放手

在印度熱帶叢林裡，人們用一種奇特的狩獵方式捕捉猴子。在一個固定的木盒裡面裝上猴子愛吃的堅果，再於盒子外面開個小口，剛好足夠猴子的前爪伸進去。猴子總是喜歡滿滿地抓住一把堅果，這樣爪子就抽不出來了。人們常常用這種方式捉到猴子，因為猴子有一種習性，不肯放下已經到手的東西。

我們一定會嘲笑猴子很愚蠢！鬆開爪子不就溜之大吉了嗎？但想想我們自己，看看一些身邊的人，也許你會發現，其實人也會犯猴子的錯誤。

因為放不下到手的名利、職務、待遇，有的人整天東奔西跑，荒廢了工作也在所不惜；因為放不下誘人的錢財，有的人成天費盡心機，利用各種機會想撈一把，結果卻是作繭自縛；因為放不下對權利的占有欲，有的人熱衷於溜鬚拍馬、行賄受賄，不怕丟掉人品的尊嚴，一旦事件敗露，後悔莫及……

生命如舟，載不動太多的物欲和虛榮。要想使之在抵達理想的彼岸前不在中途擱淺或沉沒，就只能輕載，只取需要的東西，把那些可放下的東西果斷地放掉。假如你的腦袋像一個塞滿食物的冰箱，你應當盤算什麼東西應該拿出來，否則，永遠不可能有新的東西放進來。不拿出去，有些東西反而還會在裡面慢慢腐壞；有些東西，丟了可惜，但放一輩子，也吃不了。所謂的「人生觀」，大概就是如何為自己的「冰箱」決定內容物的去留問題吧！

生活中，每個人都應該學會盤算，學會放棄。盤算之際，有掙扎有猶豫。沒有人能夠為你決定什麼該捨，什麼該留。所謂的豁達，也不過是明白自己能正確地處理去留和取捨的問題。丟掉一個丟掉了之後並不會對你產生多大影響的東西，你會對自己說，你可以做得比現在更好，還怕找不到更好的？

在工作與生活中，我們每個人時刻都在取與捨中選擇，我們又總是渴望著取，渴望著占有，常常忽略了舍，忽略了占有的反面，放棄。

其實，懂得了放棄的真意，也就理解了「失之東隅，收之桑榆」的妙言。多一點糊塗的思想，靜觀萬物，體會像宇宙一樣博大的胸襟，我們自然會懂得適時地有所放棄，這正是我們獲得內心平衡，獲得快樂的祕方。

其實有時會得到什麼、失去什麼，我們心裡都很清楚，只是覺得每樣東西都有它的好處，權衡利弊，哪樣都捨不得放手。現實生活中並沒有在同一情形下勢均力敵的東西。它們總會有差別，因此，你應該選擇那個對長遠利益更重要的東西。有些東西，你以為這次放棄了，就不再會出現，可當你真的放棄了，你會發現它在日後仍然不斷出現，和當初它來到你身邊時沒有任何不同。所以那些你在不經意間失去的並不重要的東西，完全可以重新爭取回來。

釋懷的別名叫輕鬆

有一個聰明的年輕人，很想成為一名書法家。他一心練習書法，臨摹了很多書法家的作品。但許多年過去了，他的書法依然不怎麼出眾。他為此很苦惱，就去向一個大師求教。大師對他說：「我們登山吧，到山頂你就知道該如何做了。」

山路迢迢，一路有許多美麗的小石頭。大師只要見到中意的石子，就讓年輕人裝進袋子裡背著。很快，年輕人就吃不消了：「大師，別說到山頂了，再背下去恐怕連動也不能動了。」他氣喘吁吁地望著大師。「是呀，這該怎麼辦呢？」大師微微一笑，「放下，不放下，背著石頭怎麼能登上山峰呢？」

年輕人一愣，忽覺心中一亮，向大師道了謝走了。原來，他仿照了那些作品後，始終被那些作品的美感與價值所約束，不能放下那些規則形成自己的風格。後來，他不再拘泥於前人的書法，取其長棄其短，果然書法大有長進。

事業也好，生活也好，都需要適時放下。學會放下才能卸下人生的種種包袱，輕裝上陣，安然地等待生活的轉機，度過風風雨雨；懂得放下，才擁有一分成熟，才會活得更加充實、坦然和輕鬆。放下是顧全大局的果斷和膽識。人生如戲，每個人都是自己生命唯一的導演，只有學會放下的人才能徹悟人生，笑看人生，擁有海闊天空的人生境界。

有一個富豪什麼都有，唯獨沒有快樂。有一天，他決定去尋找快樂。為此，他背著許多金銀財寶，四處去尋找快樂。

可是富豪走過了千山萬水，也沒有找到他想要的快樂。正當他沮喪地坐在山路旁，一個農夫背著一大綑木柴從山上走下來，富豪攔住這農夫問：「你知道快樂在哪裡嗎？」農夫放下沉甸甸的木柴，長噓了一口氣，擦了擦臉上的汗水，回答：「快樂也很簡單，放下就是快樂呀！」

富豪一時沒有反應過來，就坐在山路邊想啊想。想了很久，才醒悟——自己在家時這也捨不得那也捨不得放下，出門後背負那麼重的珠寶，既疲累又深怕被貪心的人陷害，整日憂心忡忡，快樂從何而來？於是富豪將珠寶、錢財拿來幫助窮人，回家後專做善事，慈悲為懷。這樣既滋潤了他的心靈，也讓他嚐到了快樂的滋味。

時下，名利纏身，何有快樂？成天陷入你爭我奪的境地，快樂從何而言？成天心事重重，陰霾不開，快樂又在哪裡？成天小肚雞腸，心胸如豆，無法開豁，快樂又何處去尋？

只要你心無掛礙，什麼都看得開、放得下，何愁沒有快樂的春鶯在啼鳴，何愁沒有快樂的泉溪在歌唱，何愁沒有快樂的白雲在飄蕩，何愁沒有快樂的鮮花在綻放！

天使之所以能夠自在翱翔，是因為祂們有著輕盈的人生態度。

常做心靈大掃除

鄉下有年前大掃除的風俗，要將平時的家具、物品逐一清理，該保留的妥善保留，該拋棄的立即拋棄，每逢這個時候，我常常驚訝自己在過去短短幾年內，竟然積累了那麼多的東西？

人心又何嘗不是如此！在人的心中，每個人不都是在不斷地累積東西？包括你的名譽、地位、財富、親情、人際、健康、知識等等。另外，當然也包括了煩惱、鬱悶、挫折、沮喪、壓力等等。這些東西，有的早該丟棄而未丟棄，有的則是早該儲存而未儲存。

不妨問自己一個問題：「我是不是每天忙忙碌碌，把自己弄得疲憊不堪，以至於總是沒能好好靜下來，替自己的心靈做清掃？」

對那些會為自己造成負擔的東西，必須立刻放棄——這是心靈大掃除的意義，就好像是生意人的「盤點庫存」。你總要了解倉庫裡還有什麼，某些貨物如果不能限期銷售出去，最後很可能會因積壓過多拖累你的生意。很多人都喜歡房子清掃過後煥然一新的感覺。你在擦拭門窗上的塵埃與地面上的污垢，讓一切整理井然時，整個人就好像突然得到一種釋放。這是一種「成就感」，雖然它很小，但能給人帶來愉悅。

在人生諸多關卡上，人們幾乎隨時隨地都得做「清掃」。念書、出國、就業、結婚、離婚、生子、轉換跑道、退休……每一次的轉折，都迫使我們不得不「丟掉舊的你，接納新的你」，把自己重新「打掃一遍」。

不過，有時候某些因素也會阻礙人們放手進行「掃除」。譬如太忙、太累，或者擔心掃完之後必須面對一個未知的開始，而你又不能確定哪些是你想要的。萬一現在丟掉的，將來需要時卻再也無法回來又該怎麼辦？

的確，心靈清掃原本就是一種掙扎與奮鬥的過程。不過，你可以告訴自己，每一次的清掃並不表示這就是最後一次。而且，沒有人規定你必須一次全部掃乾淨。你可以每次掃一點，但你至少必須立刻丟棄那些會造成你困擾與負擔的東西。

我們的心靈畢竟無法做到「菩提本無樹，明鏡亦非台」的佛家最高境界，但我們可以做到「時時勤拂拭，毋使染塵埃」！

人生不需要太多的行李．減省幾分，便超脫幾分。

趨福避禍唯吃虧

有一道腦筋急轉彎的問題是：「世界上最難吃的是什麼？」其答案似乎出人意料，卻又在情理之中——「虧」。

人難做，虧難吃。不捨得吃虧應該說是人之常情，但必須捨得吃虧是世間真理。人與人之間，總是存在著一些利益的交集。若一個人不肯吃虧，難免會侵害別人的利益，於是便起爭鬥，遭怨恨。一個處處只想沾光、捨不得吃虧的人，其處境一定是四面楚歌，這樣的人最終會是占小便宜吃更大虧。

鄭板橋說：「為人處，即是為己處。」意思是，替別人打算，就是為自己打算。這與今天所謂「我為人人，人人為我」是同樣的道理。如果大家都能有吃虧的精神，那麼這個世界豈不美好得多？還會有那麼多的戰爭、殺戮以及種種罪惡和不道德行為嗎？這樣看來，吃虧就不僅是個人的福分，而是人類的福分了。當然，這並不是說，人立身行事，或在一切商業、政治、外交中，都要講究「捨得吃虧」。。

在中國傳統思想中，有「吃虧是福」一說。這是哲人們所總結出來的一種人生觀——它包含了愚者的智慧、弱者的力量，領略了人生的豁達和由吃虧忍讓而帶來的安祥與寧靜。與這個貌似消極的哲學相比，一切所謂積極的哲學都會顯得幼稚與不夠穩重，以及不夠超脫與圓滑。

「吃虧是福」的信奉者，同時也一定是一個「和平主義」的信仰者。林語堂在《生活的藝術》中對所謂「和平主義者」這樣寫道：「中國和平主義的根源，就是能忍耐暫時的失敗，靜待時機，相信在萬物的體系中，在大自然動力和反動力的規律運行之上，沒有一個人能永遠占著便宜，也沒有一個人永遠做『傻子』。」

小楊是某廣告公司的文案編輯，頭腦靈活，文筆很好，但更可貴的是他的工作態度。那時公司正在進行一件大型廣告的製作方案，每個人都很忙碌，但老闆並沒有增加人手的打算，於是公司的人有時也會被派到其他部門幫忙，但整個公司只有小楊接受老闆的指派，其他的人都是去過一兩次就抗議了。

小楊說：「吃虧就是占便宜嘛！」

事實上也看不出他有什麼便宜好占，因為他有時像個打雜的人一樣。

兩年過後，小楊離開了那家廣告公司。原來他是在「吃虧」的時候，反而把廣告公司的各個運作流程的工作都弄懂了，出去後自己成立了一家廣告公司，他真的是占了「便宜」啊！

所以建議你，用「吃虧就是占便宜」的糊塗態度來做人，保證你受益無窮。

做人比做事難。因此，善於做人的人常常主管著善於做事的人。如果一個人在做人時抱持「吃虧就是占便宜」的心態，那麼做人會活泛很多。因為人都喜歡占人便宜，你吃一點虧，讓人占一點便宜，那麼你就不會得罪人，人人當你是好朋友！何況拿人手短．吃人嘴軟，今天占你一點便宜，心裡多少也會過意不去，只好在恰當時候回報你，這就是你「吃虧」之後所占到的「便宜」！

任何事情都是在不斷的盈虧消長之中，風物長宜放眼量。著眼於某一時、某一點上是吃虧的，可是長遠的看起來，其實可能是福氣。

第七章　「空」是容納糊塗的最佳容器

有時候我們感覺心裡悶得慌。心裡悶得慌，一定是有什麼東西堆積在裡面發酵，從而影響到自己的情緒。

為什麼不將堵在心裡的東西清除掉呢？因為太執著。認定的事一定要做好，認定的理一定要占有，認定的人一定要得到……卻從不想想，憑什麼你認定了的就一定要歸你？

當心靈被各種欲望、執著所塞滿，人就很容易走入偏激的死路。古人云：「心空乃大，無欲則剛。」佛家則認為，人要成佛，首先得「破執」。簡單地說，破執也就是破除心中的執著。《金剛經》中有云：「應無所住而生其心。」這句話的意譯是執著是一個人的內心最頑固的枷鎖。放下執著，少些計較，就能讓心的力量釋放出來，自由地發揮它的作用。

從現在起，做人做事糊塗一點，不必太貪念，不必太執著，在自己的心靈中開墾出一片空地，讓鮮花可以生長，讓小鳥能夠嬉戲。一年四季，你的內心都會那麼空靈、靜謐與愜意。

面朝大海，春暖花開！

虛己處世的哲學

天地之大，以無為心；聖人雖大，以虛為主。虛己待人就能接受人，虛己接物就能容納萬物，虛己處世就能圓融於世。只有先虛己，才能承受百實，化解百怨。虛已是處世求存的良策之一，人能虛己無我，就能與人無爭、與物無爭，而不爭如水潤萬物，不爭而全得。

老子說：「道是看不見的虛體，寬虛無物，但它的作用卻無窮無盡，不可估量。它是那樣深沉，好像是萬物的主宰。它磨掉了自己的銳氣，不露鋒芒，解脫了紛亂煩擾，隱蔽了自身的光芒，把自己混同於塵俗。它是那樣深沉而無形無象，好像存在，又好像不存在。」老子又說：「聖人治理天下，是使人們頭腦簡單、淳樸，填滿他們的肚腹，削弱他們的意志，增強他們的健康體魄。盡力使心靈的虛寂達到極點，使生活清靜、堅守不變。使萬物都一齊蓬勃生長，從而考察它往復的道理。」這些都說明了靜與虛的大作用。從道家的觀念看來，他們處世，貴在「以虛無為根本，以柔弱為實用。隨著時間的推移，因順萬物的變化」。

虛，就能容納萬事萬物，無就能生長，就能變化；柔就不剛而能圓融，弱就不爭勝而可持守。隨著時間的推移，能不斷地變化而自省，順應萬物，和諧相處。虛己待人就能接受他人，虛己接物就能容納萬物，虛己用世就能轉圓於世，虛己用天下就能包容天下。

虛己的能量，大的方面足以容納世界，小的方面也能保全自身。虛戒極、戒盈，極而能虛就不會傾斜，盈而能虛就不會外溢。

虛而不實、不爭，才不致受外物迷惑引誘，才能堅守內心的真我，保持本色的風格。虛己能隨時培養自己的機息，處處保留迴轉的餘地，任憑紛爭無限，皆可全身而存。「虛」能不驕不傲，接受萬事萬物的挑戰，從中領受有益的養分以滋養自身，充盈自我。虛懷若谷，就是不自負，不自滿，不武斷，學習他人之長，反省自己之短，如此則他人才會樂意助你。

能夠虛己的人，自然能隨時培養自己的機息，處處保留迴旋的餘地，不僅能全身，而且還可以培養自己的度量。虛己處世，千萬求功不可占盡，求名不可享盡，求利不可得盡，求事不可做盡。如果自己感覺到處處不如人，便要處處謙下退讓；若自己感覺到處處不自足，便要處處無爭。

歷史記載，東漢時期建初元年（西元七十六年），肅宗即位，尊立馬氏為太后，準備對幾位舅舅封爵位，太后不答應。第二年夏季大旱災，很多人都說是不封外戚的原因。太后下詔諭說：「凡是說及這件事的人，都是想獻媚於我，以便得到福祿。從前王氏五侯，同時受封，黃霧四起，也沒有聽說有及時雨來回應。先帝慎防舅氏，不准居於重要的位置，怎麼能以我馬氏來對比陰氏呢？」太后始終堅決不同意。肅宗反復看詔書，很是悲嘆，便再請求太后。太后回道：「我曾經觀察過富貴的人家，祿位重疊，好比結實的樹木，它的根必然受到傷害。而且人之所以希望封侯，是想上求祭祀，下求溫飽。現在祭祀則受四方的珍品，飲食領受到皇府中的賞賜，這還不滿足嗎？還想得到封侯嗎？」這不僅是馬后能居安思危，處己以虛，持而不盈，而且還能使各位舅氏處於「虛而不滿」之中，以避免後來的嫉妒與傾敗的遠見。在這段話中，還能看到她公正無私、識大體的胸懷。

才在於內，用在於外；賢在於內，做在於外；有在於內，無在於外。這就是以虛為大實，以無為大有，以不用為大用的道理。人們取實，我獨取虛；人們取有，我獨取無；人們都爭上，我獨爭下；人們都爭有用，我獨爭無用。這是道家處世的妙理。爭取的是小得、小有、小用，不爭的才是大得、大有、大用。

所以莊子說：「山上的樹木長大了，自然用來作燃料；肉桂能食，所以遭到砍伐；膠漆有益，所以受到割取；人們都知道有用的作用，而不知道無用的作用。」所以我們不要以精神去尋求利益，不要以才能去尋求事業，不要以私去害公，不要以自己去連累他人，不要以學問去窮究知識，不要以死勞累生。

河蚌因珍珠珍貴稀少而受傷害，狐狸因皮毛珍貴而被獵取。有虛己之心的人，應該隱藏起意願而不刻意彰顯，把有形隱藏到無形之中，把自有隱藏到虛無之中，做到如古人所說「大直若屈，大巧若拙，大辯若訥」的境界，才能體會到虛己的妙用。

虛己處世，千萬求功不可盡占，爭名不可盡享，求利不可盡得，求事不可盡做。

我們很多時候羨慕在天空中自由自在飛翔的鳥兒。人其實也該像鳥兒一樣的，歡呼於枝頭，跳躍於林間，與清風嬉戲，與明月相伴，飲山泉，覓草蟲，無拘無束，無羈無絆。這，才是鳥兒應有的生活，才是人類應有的生活。

少事是福，多心為禍

對一個人來說，最大的幸福絕對不是榮華富貴，而是平安無事、不招惹任何禍端。禍端的來源，有些是具有不可抗力的，人們無法預知亦無法規避。不過這種類型的禍端畢竟不多，人生中的禍端絕大部分是來源於自身。

俗話說：「少事是福，多心為禍。」很多是非，就是因為一個人多心、多事而引起的。朋友的妻子小敏最近和婆婆鬧翻了，起因是為了五十塊錢。小敏放在桌子上的五十元不見了，問丈夫有沒有拿，丈夫說沒有。然後大家就一起找，還是沒有找到。從鄉下專程來幫助小夫妻照顧孩子的婆婆這下慌張了，婆婆本來就沒有拿，但她怕媳婦懷疑自己拿了。婆婆愈是怕被懷疑，心裡愈是發慌，愈發慌，就愈覺得媳婦在懷疑自己。婆婆心理壓力大，就趁沒人的時候對自己的丈夫打電話訴苦。對方聽了立即打電話給兒子，將兒子一頓訓斥：「你媽媽年齡那麼大，大老遠地跑去幫你們照顧小孩，容易嗎？請個保母還要付薪水，她不要薪水，盡心盡責地幫你們，你們還懷疑她偷你們的五十元？你不知道你媽媽是什麼樣的人嗎？」一大堆話讓兒子暈頭轉向。兒子回家，自然和妻子提起。妻子也不服：「我沒有懷疑啊。」丈夫見狀開始不開心了。「妳沒有懷疑？我媽媽要回去了。妳那天說了什麼話、做了什麼事，就是對我不滿……」餘下的就不用再多講了，慣常的家庭矛盾就是這樣開啟帷幕的。

後來，婆婆一生氣回了鄉下，離開了疼愛有加的小孫子。兒子媳婦沒辦法，只得聘請保母來照看孩子。其實，很多的家庭矛盾就是因為這樣一些瑣事引起的，我們的確分辨不出來誰有理。像這個例子中，似乎誰也沒錯。要說錯的話，他們又都有錯。媳婦錯在不見錢了，可以裝傻——不就五十塊錢嗎？或許是自己記錯了，或者掉在某個角落一時沒找到。即使要追究，也應該考慮到避開婆婆，單獨問自己的丈夫。所以，媳婦錯在多事。而婆婆錯在多心，本來就沒有拿，也沒有人懷疑，何必自己覺得不自在呢？不如糊塗一點，置身事外。此外，兒子和公公的一些做法，也都有值得商榷的餘地。

人與人的交往免不了會產生矛盾。有了矛盾，平心靜氣地坐下來交換意見予以解決，固然是上策。但有時事情並非那麼簡單，因此倒不如糊塗一點的好。糊塗可給人們帶來許多好處：

一則，可以免去生活中不必要的煩惱。在我們身邊，無論同事、鄰居，甚至萍水相逢的人，都不免會產生些摩擦，引起些氣惱，如若斤斤計較，患得患失，往往越想越氣，這樣不但於事無補，於身體也無益。如做到遇事糊塗些，自然煩惱就少得多。我們活在世上只有短短的幾十年，卻為那些很快就會被人們遺忘了的小事煩惱，實在是不值得的。

二則，糊塗可以使我們集中精力幹事業。一個人的精力是有限的，如果一味在個人待遇、名利、地位執著，或把精力白白地花在勾心鬥角、玩弄權力上，就不利於工作、學習和事業的發展。世上有所建樹者，都有糊塗功。清代「揚州八怪」之一鄭板橋自命糊塗，並以「難得糊塗」自勉，其詩畫造詣在他的「糊塗」當中達到一個極高的水準。

三則，糊塗有利於消除隔閡，以圖長遠。《莊子》中有句話說得好：「人生天地之間如白駒之過隙，忽然而亡。」人生苦短，又何必為區區小事而耿耿於懷呢？即使是「大事」，別人有愧於你之處，糊塗些，反而感動人，從而改變人。

四則，遇事糊塗也可算是一種心理防禦機制，可以避免外界的打擊對本人造成心理上的創傷。鄭板橋曾書寫「吃虧是福」的條幅。其中有云：「滿者損之機，虧者盈之漸。損於己所彼，外得人情之平，內得我心之安。既平且安，福即在是矣！」正基於此念，才使得鄭板橋在罷官後，騎著驢子離開官署去揚州賣畫。自覺地使用各種心理防禦機制，可以避免或減輕精神上的過度刺激和痛苦，維持較為良好的心境，可以避免精神崩潰。

人生最大的幸福莫過於沒有無謂的牽掛，而最大的災禍莫過於多心猜忌。只有每天辛苦忙碌的人，才知道無事清閒的幸福；只有心寬氣平的人，才知道疑神疑鬼的禍害。

除去心頭的無窮貪念

心裡有了太多的欲望，就會徒生煩惱。很多人根本就不知道滿足，埋怨自己沒有生在富貴之家，抱怨子孫們不能個個如龍似鳳……

有個可憐的人死後進入天堂，上帝召見了他。這個人對著上帝哭訴了自己在人間的種種苦難，仁慈憐憫的上帝決定在這個人下一次投胎時，讓他過上一種美好的生活。於是上帝問他：「告訴我，你下次投胎的願望，我會努力滿足你。」

他回答：「我希望我很有錢，很有才華，長得英俊瀟灑，能獲得最高的學位，成為有名望的人，別墅跑車不能少，當然還要有一個美麗賢慧的嬌妻和一對聰明伶俐的子女……」

他的話還沒有說完，就被上帝打斷了。上帝嚴肅地說：「世界上如果有這麼美好的事情，我還不如把我的位子讓給你，讓你安排這一切算了！」

看來上帝過的也不是那麼如意的生活，他更無法給人一個事事如意的人生。知足與不知足是一個過程。我們不可能把知足一直停留在某一個水平線上，也不可能把不知足固定在某一個需求上。不同的年代，不同的環境，不同的階層，不同的年齡，不同的生活經歷，知足與不知足總會相互轉化。窮苦的青年人還是不要知足的好，唯有這樣，生活才會改觀；一夜暴富的富豪們，對於知識的追求多一些，也許可以提升生活品質。但知足的農民從不強迫自己當上有威望的人物，安分守已的人會把按時領取的薪水當作一種生活中最大的慰藉。

知足使人感到平靜、安祥、達觀、超脫；不知足使人騷動、搏擊、進取、奮鬥；知足智在知不可行而不行，不知足慧在可行而必行之。若知不可行而勉為其難，勢必勞而無功，若知可行而不行，這就是墮落和懈怠。這兩者之間實際是一個「度」的問題。度就是分寸，是智慧，更是水準，只有在合適溫度的條件下，樹木才能夠發芽，而不至於把鋼材煉成生鐵。

在知足與不知足兩者之間，人應更多地傾向於知足。因為它會使我們心地坦然。無所取，無所需，同時還不會有太多的思想負荷。在知足的心態下，一切都會變得合理、正常且坦然，在這種境遇之下，我們還會有什麼不切合實際的欲望與要求呢？

學會知足，我們才能用一種超然的心態去面對眼前的一切，不以物喜，不以己悲，不做世間功利的奴隸，也不為凡塵中各種牽累、煩惱所左右，使自己的人生不斷得以昇華；學會知足，我們才能在當今社會愈演愈烈的物欲和令人眼花繚亂、目迷神惑的世相百態面前屏氣凝神，能夠做到堅守自己的精神家園，執著地追求自己的人生目標；學會知足，就能夠使我們的生活多一些光亮，多一絲感覺，不必為過去的得失而感到後悔，也不會為現在的失意而煩惱。從而擺脫虛榮，寵辱不驚，心境達到看山心靜，看湖心寬，看樹心樸，看星心明……

知足是一種極高的境界。知足的人總能夠做到微笑地面對眼前的生活，在知足的人眼裡，世界上沒有解決不了的問題，沒有渡不過去的河，沒有跨不過去的坎，他們會為自己尋找一條合適的前行之路，而絕不會庸人自擾。知足的人，是快樂輕鬆的人。

知足是一種大度。大「肚」能容下天下紛繁的事，在知足者的眼裡，一切過分的紛爭和索取都顯得多餘。在他們的天秤上，沒有比知足更容易求得心理平衡了。

知足是一種寬容。對他人寬容，對社會寬容，對自己寬容，做到這些就能夠得到一個相對寬鬆的生存環境，這實在是一件值得慶賀的事情。知足常樂，說的就是這個道理。

知足最可貴的地方是能夠戰勝自我，善待他人，善待自己。唯有知足者才能夠正視現實，善於努力，更善於學習教訓，也善於效仿他人，謙虛謹慎，不卑不亢，才能在社會座標上找到自己的位置，實現自己人生中的真正價值，從而使自己的人生充滿激情，希望常在。

知足常樂。但願每個人都能夠戰勝自我，少一些固執，多一些靈活，少些抱怨，多些真情，讓生活充滿溫馨的陽光。

淡泊明志，寧靜致遠。終日為了貪欲而處心積慮，不僅喪失做人的樂趣，還會喪失別人對你的好感。

為自己的心靈留一個空間

一個阿拉伯人為了完成他趕駱駝運貨的任務，一路上愁眉苦臉。駱駝問他：「你為了什麼事不開心呢？」

阿拉伯人回答：「我在想，如果跋山涉水，你將難以勝任這些旅程啊。」

駱駝問他：「你為什麼要擔心我呢？難道我不是號稱『沙漠之舟』的駱駝嗎？難道

是通過沙漠的坦途被封閉了嗎？」

「人無遠慮，必有近憂」，在我們的文化傳統中，好像特別鼓勵那種「杞人憂天」的顧慮，大至憂國憂民，小至衣食住行，幾乎讓每個人的內心都被憂慮撐得滿滿的。事實上，憂慮一點也不能使事物圓滿，它反而會使人無法更有效地處理現在的一切，因為憂慮可以說是非理性的，而所憂慮的人和事又多半是無法控制與把握的。你固然可以永無止境地憂慮，因為思考是你做人的根本。你可以憂慮戰爭、經濟、生病等，可是憂慮並不能為你帶來快樂、繁榮或者健康。你畢竟不是一個超人，無法控制萬事萬物。而且，那些你常常所擔憂的災難真的一旦發生時，並不見得像你想像的那麼可怕與不可思議。

曾經有位主管身患絕症，雖然幸運地治癒了，但他從此擔心被免職，擔心失去自己的地位和一切待遇。他的體重開始下降，經常失眠，飲食無味，他時時刻刻都在擔心自己的一切將化為烏有。幾個月之後，他真的接到了開除通知，嚴重的失落感使他一下子消瘦許多。可是在三個月後，上司根據他的健康狀況又任命他到某職位擔任主管，待遇比原先更好，這給了他極大的滿足感，遂以更積極的態度來面對新工作。他因此了解到，原先的一切憂慮顯得是那樣的多餘，他的地位非但沒有下滑，自己的精神也沒有崩潰，腦子裡原來擔憂的一幅悲慘景象，結果是以喜劇收場。這位主管從這件事中直接學到了憂慮無用也無益，從此便採取不憂慮的生活方式來面對生活了。

走在這沒有誰能替自己走的人世之中，別人的目光像風雨一樣傾倒在你身上。你慌慌張張地為迎接來自不同方向的風雨而穿好了雨衣，然後含著委屈的淚說：「看！我和別人已相差無幾。」這該是怎樣的失落啊？只為了某種迎合卻把自己弄得如此悲哀。

穿行於世俗，每每都以這種不情願的舉動贏得了幾分可憐的贊許，而恰恰忘記了真實，忘記了自身的那些美麗。累啊，真累！那麼為何不心懷一種淡泊，再看人世的時候只把它當成風景呢？

那麼，為何不給心一個空閒，過得輕鬆恬淡些，在生活的夾縫中，在心裡抹去不快的陰影，然後放逐苦澀。其實，把人生的一切看得淡泊一點，視名利為流水，視羞恥為過客，你便會覺得人世間實在是沒什麼可值得讓人憂慮的！當你能夠做到這一點時，你會發現自己的憂慮是多麼的可笑，因為它並不能幫助你改變任何個人意志所能觸及的任何事。當然，也不要把憂慮和未雨綢繆混淆。如果你是在做出應對各種危機可能發生的預案，那麼現在的各項活動均有助於未來，這不是憂慮。籌畫與憂慮的最大區別在於，前者是主動的、理性的，而後者則是被動的、非理性的。

寧靜淡泊是內心超脫塵世的豁達。春風大雅能容物．秋水的文章不染塵。淡泊者須有雲水氣度松柏精神，不為名利所累，不為繁華所誘，從從容容，寵辱不驚，淡泊寧靜是修身明志的最佳心靈調劑。

人生不要太在意

刻骨的恨常常是因為銘心的愛而來，這就是我們常說「愛之深、恨之切」。傷害我們的，永遠是我們最在乎最在意的人和物。因為只有這些人事物，才能在我們心裡掀起巨大的波濤。

有一位驍勇善戰的將軍，歷經了上百次的戰爭才平息了戰事。歲月已經遠去，賦閒在家的將軍因為無聊，便利用玩古瓷來消磨時間。

在將軍收藏的眾多古瓷中，他最喜歡的是一個青花瓷碗，他幾乎每一天都要把這個瓷碗放在手裡欣賞。有一天，將軍在欣賞瓷碗時，一不小心滑了下去。幸虧將軍身手還在，及時把瓷碗敏捷地接住。不過，將軍也因自己的疏忽而嚇出了一身冷汗。

因為有了這一次教訓，將軍刻意地減少了舉起那件瓷碗的次數與時間，並且在每次欣賞時更加小心翼翼。然而，第二次危險又在不久之後降臨了。這一次，瓷碗幸運地落在將軍的鞋上，再滾到地下而得以保全。

自從青花瓷碗兩次險些遭了厄運後，將軍就更加小心對待它了。他大多數時間裡只是放在櫥窗裡看一看，很少拿到手裡。而在那偶爾的手拿當中，將軍奇怪地發現，只要自己一拿起青花瓷碗，手就會顫抖。

將軍心裡有了疑惑：「我身經百戰，從來沒有過一絲畏懼與顫抖，為何現在為了一件瓷器變成這樣呢？」將軍想了很久，終於明白是自己太在乎這件瓷器了。他當初身赴戰場，早已將生死置之度外，因此從來沒有產生過恐懼與害怕。而今天，一件小小的瓷器僅僅是因為自己太在乎，就在他心裡掀起了巨浪，以致於手都不聽使喚。

渴望穿過針頭的手會忍不住顫抖、太想讓球進洞的手腳會忍不住顫抖、太想在面試中勝出的嘴會顫抖……因為很想得到，所以很容易失去——這樣的例子在我們生活中還少嗎？

美國有一個著名的雜技演員叫華倫達，他最拿手的雜技是高空走鋼索。華倫達走在高空鋼索上，用「如履平地」來形容絲毫不誇張。然而，正是這樣一個技藝高超的雜技演員，在一次重大的表演中不幸失足身亡。他的妻子事後說：「我知道這次一定會出事，因為他上場前總是不停地說，這次太重要了，不能失敗，絕不能失敗；他把很多精力用在避免掉下來這件事上，而不是用在走鋼索，而以往每次成功的表演，他只想著走鋼索這件事本身，而不去管這件事可能帶來的一切。」

那次的觀眾都是美國的知名人物，演出成功不僅會奠定華倫達在雜技界的地位，還會給他的表演團帶來滾滾財源。而正是表演的重大意義，使華倫達的心不再平和、行動不再穩健。是太多的私心雜念，影響了他能力的發揮，最終導致悲劇的發生。

不要有那麼多的想法，糊塗一點，就像平常一樣，懷平常之心。當然，這說來容易做來很難。人不能脫離現實而存在，純粹地杜絕欲望的人也是不存在的。要做到的話，只有努力減少貪念，努力增加自製。

如此說來，看似糊塗的平常心，其實並不平常。

春有百花秋有月，夏有涼風冬有雪，若無閒事掛心頭，便是人間好時節。

把痛苦「吐」出來

誰都不喜歡嘔吐，但嘔吐其實是一種非常有益於人身體健康的自我保護方式。比如一個人吃了變質的飯菜，就會引起嘔吐。通過嘔吐，胃裡大部分含有毒素的食物會嘔吐出來，從而減少對人體的傷害。

心理學家認為，人在心情不好時，也可以採取「嘔吐」的自我保護方式。否則，久久盤根在心頭的「毒素」會令一個人在痛苦中受到更大的傷害。

當你遇到挫折，感到痛苦的時候，最好的解脫方法就是向親朋好友訴說你的苦悶。在心理學上，有一種法則，把煩惱告訴別人，可以減少一半痛苦。在基督教中，教徒為了減輕自己的罪孽感而向牧師懺悔，以求寬恕。

對於每個人來說，訴苦或發牢騷雖然解決不了實質性問題，但若把怨言憋在心裡，就會增加更多的痛苦。如果不怕丟面子，大膽地向人發牢騷的話，你就會覺得心裡暢快極了。這種感覺就像醉酒後全都吐出來一樣舒服。人們把發洩私怨、發出牢騷稱之為「心理清掃」。當你感到心裡有壓力，煩惱深重的時候，不妨嘗試一下這種「心理清掃法」，你馬上會感到非常暢快和振奮。

深受西方女性崇拜的影星珍．芳達，提出了一項建議——你遇到困難時，不妨哭。「當你得不到服務或者陷入窘境時，只要哭就行了。」芳達說。這位兩屆奧斯卡獲獎者告訴記者說，這是她一九六二年第一次訪問俄羅斯時得出的結論。當她走進飯店的電梯時，那個開電梯的人正在看一封信。她等著，但那人並沒有把電梯關上。「我禁不住哭了。」芳達說，「他馬上問：『我能為妳做些什麼嗎？』我想這就是當時我所需要的。」芳達說，一個星期後在一家飯店裡，當她沒得到服務時又一次試著哭泣，結果真靈驗。

當然，你在「吐出」痛苦時也要適當選擇對鄉，否則很容易引起別人的反感以及厭惡人生的苦痛如同一定數量的鹽，既不會多也不會少。我們承受痛苦的容積的大小決定痛苦的程度。所以當你感到痛苦的時候，就把你的承受的容積放大些，不是一杯水，而是一個湖。

一分糊塗造就一分灑脫

在網路上看到一個有意思的文章。如果你家附近有一家餐廳，東西又貴又不好吃，桌上還爬著害蟲，你會因為這家餐廳距離你家很近很方便，就一而再、再而三地光顧嗎？

你一定會說：「這是什麼爛問題，誰那麼笨，花錢買罪受？」

可同樣的情況換個場合，自己或許就做類似的蠢事。不少男女都曾經抱怨過他們的情人或配偶品性不端，三心二意，不負責任。明知在一起沒什麼好的結果，怨恨已經比愛還多，但卻「不知道為什麼」還是要和他在伊起，分不了手。說穿了，只是為了不甘，為了習慣，這不也和光顧同一家糟糕的餐廳一樣？

做人，為什麼要過於執著?!

佛家認為，人要成佛，首先得「破執」。簡單地說，破執也就是破除心中的執著。《金剛經》中有雲，「應無所住而生其心。」這句話的意譯是：執著是一個人的內心最頑固的枷鎖。放下執著，少些計較，就能讓心的力量釋放出來，自由地發揮它的作用。

身在社會，身不由己，但我們終日忙忙碌碌、疲憊的心靈確實需要寧靜的放鬆，儘管忙碌使我們充實而又愉快，如果我們不懂得灑脫，實際上是在為自己加重負擔，讓心靈終日勞役的我們哪裡懂得灑脫是生命賞賜我們的禮物呢？一味追求而忘記給自己一個灑脫的機會，我們又豈能負載更多世俗的重擔．灑脫，那是在痛苦之後的一種平靜，那是在苦澀中品味出的一絲甜蜜。擁有你，我們將擁有與天地一樣包容世間一切的廣闊襟懷。

有時確立一個目標，或目標過於明晰，反而會成為一種心理負擔和精神累贅，從而加重了我們前進的腳步，束縛了我們翱翔的羽翼，相反，這時候沒有了目標，或將目標刪除，學會灑脫，一身輕鬆的我們反而會走得更遠、飛得更高。灑脫，是一份難得的心境，只有解讀灑脫，豪放的詩聖李白在〈將進酒〉中才有「天生我材必有用，千金散盡還復來。」的自勵；只有醞釀灑脫，才有「揮一揮衣袖，不帶走一片雲彩」的飄揚；也只有擁有灑脫，才有「面朝大海，春暖花開」的情懷。

灑脫，就像一江流水迂迴輾轉，依然奔向大海，即使面臨絕境，也要落成瀑布；就像一山松柏立於巨岩之中，依然衝破青天，風愈大就愈要奏響生命的最強音。有的人對他人說法不屑一顧，他們往往具有相當獨立的價值觀，不拒於榮辱，不懼於生死，不恥於躬耕，不悲於饑寒，不謀於權術，他們的生活法，也許簡單普通，但魅力無窮，不要為無所謂的塵世而計較成敗得失，使自己守著一顆煩悶的心；也別再為現實和理想的差距，而讓自己思索著沉悶的主題；更不要為人生的坎坷，歲月的蹉跎而一蹶不振，因為孔明曾經說過：非淡泊無以明志，非寧靜無以致遠。

也許只有灑脫，才能像蕩漾的春風，讓我們無時無刻都在感受著天地間的勃勃生機；也許只有灑脫，才像「汩汩」噴湧的青春之泉，為我們的身軀注入無窮無盡的生命活力，生活也會因此而散發出永久的芳香。

世事如浮雲，滄環往復·瞬息萬變。太陽到了正午，就會西落，十五的月最圓，殘缺之時馬上到來。天地有此虧盈消長之道，人世間的事物也是如此。天道的盈虧不以人的意志為轉移·太陽到了正午自然中天，月亮到了農曆十五必然最圓。而人卻能夠進行自我控制，使自己保持不「滿」的狀態，以避免走下坡路。

第七章　「空」是容納糊塗的最佳容器

第八章 「低」是養成糊塗的巧妙姿態

地不畏其低，方能聚水成海，人不畏其低，方能成王。古代哲學家老子曾經在談到「上善若水，水善利萬物而不爭」時，進一步闡述了自己的觀點「處眾人之所惡，故幾於道」所謂「處眾人之所惡」，指的是身處大家都不喜歡居的位置。究竟什麼位置大家都不喜歡？——低位。也就是說，做人要低調，要謙遜。老子認為：一個人若能做到這一點，就差不多參透了處世之道——「幾於道」。

看低自己，抬高別人

古羅馬哲學家曾說過：「想要達到最高處，必須從最低處開始。」這是一個很不錯的建議。把自己的位置放得低一些，腳踏實地，站穩腳跟，然後一步步登攀，到達頂峰才更有把握。正如一位哲人所言，很多高潔的品行都是由低就的行為達成的。要想高就，須得先低就。

「看低自己，抬高別人」是人應該恪守的一種平衡關係，它能使周圍的人在對自己的認同上達到一種心理上的平衡，不會讓別人感到卑下和失落。非但如此，有時還能讓別人感到高貴，感到比其他人強，即產生任何人都希望能獲得的所謂優越感。這種似乎在貶低自己的「愚蠢」行為，其實得到的更多，如他人的尊重與關照。

懂得看低自己的人就是懂得人生無止境，事業無止境，知識無止境。海不辭水，故能成其大；山不辭石，故能成其高。古人雲：「鶴立雞群，可謂超然無侶矣，然進而觀於大海之鵬，則渺然自小；又進而求之九霄之鳳，則巍乎莫及。」只有建立在謙遜謹慎、低調做人的基礎之上的人生追求才是健康的、有益的，才是對自己、對社會負責任的，也一定是會有所作為、有所成功的。

有的人看上去很平凡，甚至還給人「弱者」的感覺，但這樣的人也不能小看。有時候，愈是這樣的人，愈是在胸中隱藏著遠大的志向，而這種外表的「無能」正是其心高氣不傲、富有忍耐力和成大事講策略的表現。這種人往往能伸能屈、能上能下，具有普通人所沒有的遠見卓識和深厚涵養。

三國時的劉備一生有「三低」最為著名，也正是這「三低」成就了他的蜀漢王國。

第一低是桃園結義。與他在桃園結拜的人，一個是張飛，另一個是關羽。而他是劉備，皇親國戚，後被皇上認作皇叔，然而他肯與張飛、關羽結為異姓兄弟。他這一「低」，就將五虎上將張翼德、儒將武聖關雲長——兩條浩瀚的大河引向他。劉備的事業，由這兩條大河開始匯成汪洋。

第二低是三顧茅廬。劉備為一個人前後三次登門拜見。不論身分地位，只論年齡，劉備差不多可以稱得上是長輩，可這長輩卻連吃兩次閉門羹卻毫無怨言，一點都不覺得丟臉。這一低，便又有一條更寬闊的河流匯入了他的事業汪洋，也求得了一張宏偉的建國藍圖，一位千古名相。

第三低是禮遇張松。益州張松本來是想把西川地圖獻給曹操，可曹操自從破了馬超之後，志得意滿，驕人慢士，數日不見張松，見面就要問罪。後又向他耀武揚威，引起眾人譏笑，還差點將其處死。而劉備卻派趙雲、關雲長迎候於境外，自己親迎於境內，宴飲三日，淚別長亭，甚至要為他牽馬相送。張松深受感動，終於把本打算送給曹操的西川地圖獻給了劉備。劉備這一低，就成就了蜀漢王國。

一個人，不管你是否已取得成功，其實都應該講求謹慎謙和，禮賢下士，更不能得意忘形狂態盡露。心氣決定著你的行動，行動影響著你的事業，學會低調做人，才能成為最終的強者。

在古代，聰明的將軍即使可以一舉把敵人擊潰，但是只要聽說御駕要親征，就常常按兵不動，一定要等著皇帝，再打著皇帝的旗號把敵人消滅。

這按兵不動，可能會耽誤戰況，讓敵人緩口氣，因而造成很大的損失。那麼，為什麼不一鼓作氣把敵人消滅呢？

此外，御駕親征，勞師動眾，要消耗多少錢財？何不免去皇帝的麻煩，這樣不更好嗎？

如果你這麼想，那就錯了，錯得可能有一天莫名其妙地被貶了職，甚至掉了腦袋。你想一想，皇帝御駕親征是為什麼？他不是「親征」，而是親自來「拿功」啊！所以就算皇帝只是袖手旁觀，由你打敗敵人，你也得說都是皇帝的「天威」震懾了頑敵。這樣看低自己、抬高別人，你才能不被猜忌，免遭暗算，才能最終成為真正的強者。因此說，只有那些懂得有勝不驕、有功不傲的人才是真正會生活、會做事的人。表面上看他們似乎是弱者，可他們卻會因此而成為強者，成為前途平坦、笑到最後的人。

世間萬事萬物皆起之於低·成之於低·低是高的發端與緣起，高是低的嬗變與演繹。

該低頭時要肯低頭

狂風掃蕩過的原野一片狼藉，連高大的橡樹也被攔腰折斷。然而蘆葦卻頑強地活了過來，在微風中跳起了輕快的舞蹈。狂風以橫掃一切的氣勢，將高大偉岸的橡樹折斷，卻沒有傷害到纖細如指、柔弱如柳的蘆葦，究竟是什麼原因？原來，蘆葦在狂風來臨時，將自己的身子一再放低、放低……幾乎與地面平行，使狂風加在自己身上的力量減少到最低，因而得以保全自己。而像樹，仗著自己有堅實的樹幹，不肯放下自己的身段，最終免不了被狂風吹折。

有一次，一位年輕人昂首挺胸，邁著大步去拜訪一位德高望重的前輩，不料一進門，他的頭就狠狠地撞在了門框上，疼得他一邊不住地用手揉搓，一邊生氣地看著比他的身子矮一截的門。恰巧，這時那位前輩出來迎接他，見之便笑說：「很疼嗎？可是，這將是你今天來訪問我的最大收穫。」年輕人不解，疑惑地望著他。「一個人要想平安無事地生活在世上，就必須時刻記住，該低頭時就低頭。這也是我要教你的事情。」老人平靜地對年輕人說。

這位年輕人，據說就是被稱為美國之父的富蘭克林。富蘭克林把這次拜訪得到的教導看成是一生中最大的收穫，並把它作為人生的生活準則去遵守，因此受益終生。後來，他成為功勳卓越的一代偉人。

人在屋簷下，不得不低頭。這是古之金玉良言。你誓不低頭，結果撞了腦門。生氣吧，憤怒吧，難道你還要毀了屋頂？毀了之後你還能去哪裡？

人生要歷經千門萬坎，洞開的大門並不完全適合我們的軀體，有時甚至還有人為的障礙。若一味地趾高氣揚，到頭來，不但被拒之門外，而且還會被撞得頭破血流。學會低頭，該低頭時就低頭，巧妙地穿過人生荊棘，它既是人生進步的一種策略和智慧，也是立身處世不可缺少的風度和修養。

低調是一種優雅的人生態度。它代表著豁達，代表著成熟和理性，它是和含蓄聯繫在一起的，它是一種博大的胸懷、超然灑脫的態度，也是人類個性最高的境界之一

做株不顯眼的花草

美麗的花草最容易招人採摘，而一朵不顯眼的平凡花草，反而更能夠保全自己。低調做人者首先給人的感覺就是「貌不驚人」。當然，所謂的「貌」不完全是指外貌，嚴格地說是「看上去」的意思，既包括一個人的相貌穿著，也包括了行為舉止。這種人給人的感覺是內斂而不張揚、柔和而不粗暴，不顯山露水，也不鋒芒畢露。這種做人的低姿態，能夠減少別人的反感與嫉妒之心。

不過，在這個張揚的時代，更多的（特別是年輕人）遇事喜張揚，遇人好顯擺，更浮誇的是抬高自己時還一本正經的樣子，不見絲毫的羞恥。我們經常看到某些人，有十分的才能，就要十二分地表現出來。生怕別人不知道，還要十三分地說出來。他們往往有著充沛的精力，很高的熱情以及一定的能力。他們說起話來咄咄逼人，做起事來不留餘地。

一個熱衷於逞強能力的人，即使是碰上自己沒有把握的事情，也容易因為高估自己

的能力或顧忌面子問題而勉強去做。結果不用多說，十有八九會把事情搞砸。若是替自己做事，事情搞砸的後果由自己承擔；若是替人負責，同事們不僅不會在你危難時候伸出援手，甚至有可能落井下石——因為你的逞強導致你的人際關係不和諧。木秀於林，風必摧之；堆出於岸，流必湍之；行高於人，眾必非之。熱衷於逞能的人終究是成不了氣候的。

聖者無名，大者無形。真正的高手是不會輕易露出本事的。我們不妨來看一個古代的高手是如何做「不顯眼的花草」的。

唐朝有個皇子叫李忱，這個生於帝王之家的福氣並沒有給李忱帶來多少安逸——一因為他是唐憲宗的第十三子，前面還排著十二位兄長。我們都知道，歷代皇家的太子之爭從來都是不擇手段的，唐朝開國年間的「玄武門之變」中，李世民誅殺太子李建成和齊王李元吉就是一個明顯的例子。所以，從某種意義上說，生於皇家是一種幸運更是一種不幸。

李忱這個立於危牆之下的皇子，自幼笨拙木訥、糊塗迷糊，在皇子當中非常不起眼。長大後，李忱更是沉默寡言，形似弱者。這種形象的他與九五之尊相差太遠，所以在一次又一次權力激起的刀光劍影中安然無恙。

命運在李忱三十六歲那一年來了一個華麗的轉身。西元八百四十六年，唐朝的第十五位皇帝唐武宗因為仙丹而暴斃。國不可一日無主，誰來繼任皇帝呢？當時，朝廷裡宦官的勢力很強，這些宦官們為了能夠繼續獨攬朝政、享受榮華富貴，首先想到的就是找一個容易控制的人上臺。他們想來想去，發現不起眼的李忱是最好的人選。於是，身為三朝皇叔的李忱被迎回皇宮，黃袍加身。

居心不良的宦官們的算盤打得很好。但他們顯然低估了李忱的能耐。李忱登基後，將專權的宦官們一一清除，並勵精治國，使暮氣沉沉的晚唐呈現出「中興」的局面，以致於被後人稱之為「小太宗」。

你看，這個李忱不僅在「不起眼」中躲過了天大的災禍，還在「不起眼」中撿了一個天大的好處。如此看來，人還是不起眼一點比較好。你要是太起眼的話，就試著去裝傻吧。

裝傻，看似愚笨，實則聰明。人立身處世，不自誇，就可以保護自己。即所謂「藏巧守拙，用晦如明」。不過，人人都想表現聰明，裝傻似乎是很難的。這需要有傻的胸懷風度。《菜根譚》說：「鷹立如睡，虎行似病。」也就是說老鷹站在那裡像睡著了，老虎走路時像有病的模樣，這就是它們準備獵物吃人前的手段。所以一個真正具有才德的人要做到不炫耀，不顯才華，這樣才能很好地保護自己。

裝傻之初或許需要一定的表演才能，但堅持一段時間後，也就習慣成自然了。那麼是不是在裝傻中就真的變傻了呢？不是，就像我們前面說的李忱一樣，外表糊塗，內心永遠清醒。

韜光養晦不只是一種生存策略，也是一種發展策略。一個甘願處於次要位置的人，一個謙卑的人，更能贏得大家的尊重和愛戴。

向枯葉蝶學習隱身

枯葉蝶是大自然神奇造化之物，當牠停在樹枝上時，褐色的身體就像二片枯葉那般，令以昆蟲為食的鳥類和爬行動物很難發覺。除了枯葉蝶外，自然界中還有很多動物都進化出這種神奇的偽裝術。我們把這種偽裝術叫「擬態」和「保護色」。前者重在模仿周邊環境的形狀，後者重在模仿周邊環境的顏色。這兩種手段，經常被一些弱小的動物同時運用，以保證自己在無力與天敵抗衡時還能延續生命、種族。

在人的世界裡，也有「擬態」和「保護色」的行為。如果你知道便衣警察的話，就知道他們外出辦案時，是如何透過各種手段讓自己融入周圍的角色中，讓人根本就感覺不出這人有員警的特質。

你也許不是便衣警察，生活中也不需要你摸索線索。但向枯葉蝶學習與周圍環境協調的本事，還是有必要的。例如初到一個新職場，應儘量「入境隨俗」，快速適應這個職場的企業文化，隨著這個職場的步調。這是尋找「保護色」，避免自己成為與周圍環境格格不入的鮮明目標，否則會造成別人對你的排擠；如果你特立獨行，自以為是，那麼你的苦日子必定跟著你。當你的顏色和周圍環境取得協調後，你也已成為這個環境中的一分子，而達到「擬態」的效果。到了這個地步，起碼的生存環境就已經營造完成，不至於發生什麼大的問題了。

有些人在家遭到竊賊入侵，是因為房子裝潢得太漂亮，讓人一看就以為是有錢人家；有人半夜遇到搶劫，是因為戴著名貴首飾。這都是他們不知「擬態」和「保護色」作用的緣故。相形之下，那些出門穿著隨便，行事低調的大富翁，其危險就小多了。

用低姿態化解嫉妒

嫉妒是人性的弱點之一，只不過有的人會把嫉妒表現出來，有的人則把嫉妒深埋在心底。嫉妒是無所不在的，朋友之間、同事之間、夫妻之間都有嫉妒存在。而這些嫉妒情緒一旦處理失當，就會形成足以毀滅一個人的烈火，特別是發生在朋友、同事間的嫉妒情緒，對工作和交往更會造成麻煩。

朋友、同事之間嫉妒的產生有多種情況。例如「他的條件不見得比我好，可是卻爬到我上面去了」、「他和我是同班同學，在校成績又不比我好，可是竟然比我有錢」等等，在工作中，如果你升了職、受到主管的肯定或獎賞、獲得某種榮譽，那麼你就有可能被別人嫉妒。

因此，當你一朝得意時，應該想到並注意到的問題是，同職場中有無比我資歷深、條件比我好的人在我後面？因為這些人最有可能對你產生嫉妒。

觀察同事們對你的「得意」，在情緒上產生的變化，就可得知誰有可能在嫉妒。一般來說，心裡有了嫉妒的人，在言行上都會有些異常，不可能掩飾得毫無痕跡，只要稍微用心，這種「異常」就很容易發現。

而在注意這兩件事的同時，你應該盡快在心態及言行方面做如下調整：不要凸顯你的得意，以免刺激他人，徒增他人的嫉妒情緒，或是激起其他更多人的嫉妒，你若洋洋得意，那麼你的歡欣必然換來苦果。

把姿態放低，對人更有禮、更客氣，千萬不可有倨傲侮慢的態度，這樣就可在一定程度上降低別人對你的嫉妒，因為你的低姿態使某些人在自尊方面獲得了滿足。

在適當的時候適當地顯露你無傷大雅的短處，例如不善於唱歌、外語很差等，以便讓嫉妒者的心中有「畢竟他也不是十全十美」的幸災樂禍的滿足。

和所有嫉妒你的人溝通，誠懇地請求他的幫助和配合，當然，也要指出並讚揚對方有而你沒有的長處，這樣或多或少可消弭他對你的嫉妒。

遭人嫉妒絕對不是好事，因此必須以低姿態來化解，這種低姿態其實是一種非常高明的處世技巧。

學會低調做人，就是要不喧鬧、不嬌柔、不造作，即使你認為自己滿腹才華，能力比別人強，也要學會隱藏。而抱怨自己懷才不遇，那只是膚淺的行為。

用低姿態消融敵意

當你受到攻擊時，你會怎樣反應？激烈對抗？避開鋒芒？適度還擊？一走了之？通常，你可能會因為理直氣壯而強烈回擊。你的這種行為有時是合適的，有時則未必。這是因為，強烈回擊有時有好的結果，有時卻會出現壞的結果。人活在世上，總是處在各種各樣的矛盾之中。因為原則和利益，以及其他各種很偶然的原因，可能會經常受到不友善甚至敵意的對抗和算計，如果一個人對此太介意，他便有可能在人群中一分鐘也過不下去；如果一個人對此時時處處還擊，他便有可能一年四季都在進行戰鬥。這其實是不必要的，也是不明智的。因此，人沒有必要和對手採取一致的方式或站在對等的層次上進行反擊，而應採取低調策略化解矛盾和敵意。這樣，既顯得你大度，又減少了自己不必要的時間支出、精力支出和其他可能的損失。在人生中，讓自己保持一個豁達、開朗、輕鬆的心態，不是更好嗎！

物理學定律表明，作用力有多大，反作用力也就有多大。對抗也是如此，你有多麼激烈，對方也會有多麼激烈。

低調對待敵意，不激烈還擊，不和對方頂牛，這不但可以避免「敵意」的升級，而且還能為自己留下迴旋的餘地。你和對方展開激烈反擊，對方又會更瘋狂地回應，鬥爭便會白熱化，甚至達到你死我活的地步。這樣，有限的敵意無限化了，小的災禍變大了，尤其對於非原則、非利益的矛盾，這種結果就太沒有必要了。

低調對待敵意，並不是膽小怕事、逃跑和不顧己方的原則和尊嚴，而是要避免把自己捲入更大的災禍中。只要對方的攻擊對自己不能造成根本性的致命損害，就沒有必要做過激反應。只要對方的攻擊可以被控制在一定的範圍以內，就可以低調對待它們，不把它們當做大不了的事情。通常單方面的不對抗和放棄對抗，會讓對方失去戰鬥對象和動力，這也能從根本上消解對方的鬥爭意志，讓他們的攻擊找不到能發洩的地方，這也會使對方冷靜，甚至停戰，這比起無數的謾罵與打擊，更具有智慧性的快感。再說，世界上的事情都是有前因後果的，敵意並不會完全沒有原因，我們也要虛心待人，努力發現產生敵意的原因，以從根本上消解它，把敵意消滅在它的起點或根本不讓它產生。這樣，我們就能生活得平安而愉快。

低調做人，不僅可以保護自己、融入人群，與人和諧相處，也可以讓人暗蓄力量、悄然潛行，在不顯山不露水中成就事業。

出頭之前要三思

俗話說：「槍打出頭鳥。」先出頭的鳥，最容易成為獵人眼裡的靶子。處世也經常有類似的境遇。木秀於林，風必摧之；行高於眾，眾必非之。要不想成為別人眼裡的靶子，最好是自己主動放下身段，低調做人。人的低調之一體現在不輕易出頭，多思索、少表達，不要讓人以為你是個愛搶風頭的人，這樣容易激起嫉妒，引發矛盾和公憤。

但矛盾來了，我們每天忙碌奔走，不是希望自己能夠有一天出人頭地嗎？如果事事都不出頭，怎麼會有出人頭地的那一天呢？想出人頭地並不是什麼錯，一個對自己有事業心的人、一個對家人有責任感的人，都有一種出人頭地的欲望，只不過有些人隱藏得深一點，有些人隱藏得淺一點。

做人做事，我們要適當出頭，但不可強行出頭。所謂「強出頭」，「強」在兩層意思。

第一，「強」是指「勉強」。也就是說，本來自己的能耐不夠，卻偏偏要勉強去做。當然，我們承認一個人要有挑戰困難的決心與毅力，但挑戰一定要有尺度。明知山有虎，偏向虎山行，如果沒有一定的能耐，何必去送死？如果一定要打虎，先練練功夫才是最明智的選擇。失敗固然是成功之母，但我們不是為了成功而去追求失敗。自不量力的失敗，不僅會折損自己的壯志，也會惹來了一些嘲笑。

第二，「強」是指「強行」。也就是說，自己雖然有足夠的能力，可是客觀環境卻還未成熟。所謂「客觀環境」是指「大勢」和「人勢」，「大勢」是大環境的條件，「人勢」是周圍人對你支持的程度。「大勢」如果不合，以本身的能力強行「出頭」，不無成功機會，但會多花很多力氣；「人勢」若無，想強行「出頭」，必會遭到別人的打壓排擠，也會傷害到別人。

三國時期，群雄四起。第一個大張旗鼓跳出來的人是袁術。袁術最大的一個失策是不應該率先稱帝。在亂世之下，大家都想當皇帝，又都不敢帶頭，袁術迫不及待地稱帝，終於成為了巔峰上的人物。在群雄割據，勢力相當的情況下，誰開頭誰就會成為眾矢之的。袁紹他們懂這個道理，所以低調忍耐。曹操本來是最有本事稱帝的，但他的心裡明亮，孫權一度力勸他稱帝，他一眼看穿孫權的鬼計。袁術卻不懂。他以為只要他一搶先，便占了上風，別人也就無可奈何，結果卻付出了血的代價。

其實，在袁術剛起稱帝念頭時，就有不少人勸他不要去搶這頂獨有其名的皇冠，戴上容易取下難。與他關係好一點的親朋好友皆不贊成，閻象甚至說：「當年周文王『三分天下有其二』，尚且臣服於殷。明公比不上周文王，漢帝也不是殷紂王，怎麼可以取而代之？」張承則說：「能不能取天下，『在德不在眾』。如果眾望所歸、天下擁戴，便是一介匹夫，也可成就王道霸業。」可惜這些逆耳忠言，袁術全都當成了耳邊風。

袁術一宣布稱帝，曹操、劉備、呂布、孫策四路人馬殺向壽春城，大敗袁術。袁術逃往汝南，繼續做皇帝。後來，在汝南實在是待不下去了，袁術只得北上投奔袁紹。不想在半路途中被向曹操借兵的劉備擊潰。逃離壽春後，在《三國志．袁術傳》裴松之注引《吳書》中有這樣的文字記載：「問廚下，尚有麥屑三十斛。時盛暑，欲得蜜漿，又無蜜。坐櫺床上，歎息良久，乃大吒曰：『袁術至於此乎！』因頓伏床下，嘔血鬥餘而死。」其大意為：（沒有了糧食）袁術詢問廚子，回答說只有麥麩三十斛。廚子將麥麩做好端來，袁術卻怎麼也咽不下。其時正當六月，烈日炎炎，酷暑難當。袁術想喝一口蜜漿也不能如願。袁術獨自坐在床上，歎息良久，突然慘叫一聲說：「我袁術怎麼會落到這個地步啊！」喊完，倒伏床下，吐血死去。

相比袁術而言，明朝的開國皇帝朱元璋做得就要實際多了。當他起兵攻打現在的南京後，採納了謀士朱升的建議：「高築牆、廣積糧、緩稱王」。高築牆是做好預防工作，不讓別人來進攻自己；囤積糧食是做好準備工作，準備好兵、馬、錢、糧；緩稱王是做好輿論工作，不讓自己成為別人攻擊的目標。這個九字真經，可以說是朱元璋成就帝業之本。

朱元璋的不出頭，實質上也是為了出頭。時代在進步，當今的人與人之間雖然沒有了古時那麼多的勾心鬥角，但因「出頭」的欲望還是沒有改變，「強出頭」而導致的被動局面也屢見不鮮。因此，在出頭之前，請你不妨評估一下自己的實力，盤算一下機會，觀察一下環境。力不從心莫勉強，時機不成熟莫勉強，環境不利己莫勉強。

一個人應該和周圍的環境相適應，適者生存。曲高者，和必寡；術秀於林，風必摧之；人浮於眾，眾必毀之。低調做人才能保持一顆平常的心，才不至於被外界左右，才能夠冷靜，才能夠務實。

示弱有時勝過逞強

在一輛擁擠的公車上，一個壯碩的男子因為有人踩了他的腳而怒氣沖天，他站起身，晃動著拳頭，正要朝著那人打過去。那人突然說：「別打我的頭啊，我剛動了手術才出院。」男子聽了這話，頓時如斷了電的機器人一樣，高舉的手定格在半空中，然後如洩氣的皮球轉過身。過了一會兒，男子居然起身，要把自己的位子讓給剛剛那個踩了自己的腳的人。

這極具戲劇性的一幕，是作者親眼所見。它令我想到了人與人之間的許多糾紛，不光只是靠講道理或比實力來解決的。有時候，主動示弱也是一種極其有效的化解方式。人都有一種爭當強者的心態，而要當強者至少有兩條途徑——與人鬥爭獲勝，可以滿足自己的強者心態；而對於弱者的遷就與照顧，實際上也能滿足自己的強者心態。

人人都喜歡當強者，但強中更有強中者。一味地好強，自有強人來磨你，還不如在適當的時候示弱效果好。在強者面前示弱，可以消除他的敵對心理。誰願意和一個明顯不如自己的人計較呢？當「強」與「弱」出現明顯的差距時，自認為的強者若與弱者糾纏，實在是把自己的身分與地位降低。就像一個高手，根本就不屑於和一個弱者動手——除非在忍無可忍的情況之下。再舉一個例子，如果一個不懂事的小孩罵了你，你會和他對罵嗎？肯定不會，除非你也是一個小孩，或者你自願成為一個只有狹小心胸的成年人。

除了在強者面前要學會示弱外，在弱者面前我們也應該學會示弱。在弱者面前示弱，可以令弱者保持心理平衡，減少對方或多或少的嫉妒心理，拉近彼此的距離。在弱者面前如何示弱呢？

例如地位高的人在地位低的人面前，不妨展示自己的奮鬥過程，表明自己其實也是個平凡的人；成功者在別人面前多說自己失敗的記錄、現實的煩惱，給人以「成功不易」、「成功者並非萬事大吉」的感覺；對眼下經濟狀況不如自己的人，可以適當訴說自己的苦衷，讓對方感到「家家有本難念的經」；某些專業上有一技之長的人，也不必到處宣揚，可以用另一種方式，謙卑地說自己對其他領域一竅不通，袒露自己日常生活中如何鬧出笑話、遇到困境等；至於那些完全因客觀條件或偶然機遇僥倖獲得名利的人，完全可以直言不諱地承認自己是「瞎貓碰上死老鼠」。

曾有一位記者去採訪一位政治家，原本打算收集一些有關他的負面新聞題材，做一篇新聞報導。他們約在一間休息室裡見面。在採訪中，服務生剛將咖啡端上桌來，這位政治家就端起咖啡喝了一口，然後大聲嚷道：「哦！該死，好燙！」咖啡杯隨之滾落在地。等服務生收拾好後，政治家又把菸放入嘴中，準備點火。這時記者趕忙提醒：「先生，你將香菸拿反了。」政治家聽到這話之後，慌忙將香菸拿正．不料卻將菸灰缸碰倒在地。政治家就像一個糊塗至極的老人，使記者大感意外，不知不覺中，原來的那種挑戰情緒消失了，甚至對對方懷有一種親近感。

其實，整個出醜的過程，都是政治家一手安排的。政治家都是深諳人性弱點的高手，他們知道如何消除一個人的敵意。當人們發現強大的敵人也不過如此，同樣有許多常人擁有的弱點時，對抗心理會不知不覺消失，取而代之的是同情心理。人皆有惻隱之心，一旦同情某一個人，大多數人是不願去打擊他的。

人人都喜歡當強者．但強中更有強中手。一味地好強，自有強人來磨你，還不如在適當的時候示弱效果好。在強者面前示弱，可以消除他的敵對心理。除了在強者面前要學會示弱外，在弱者面前我們也應該學會示弱。在弱者面前示弱，可以令弱者保持心理平衡，減少對方或多或少的嫉妒心理，拉近彼此的距離。

裝一次傻又能怎樣

人們常說傻人有傻命。為什麼呢？因為人們一般懶得和傻人計較。和傻人計較的話自己不也是傻人?贏了傻人也不是一件什麼光彩的事情。相反，為了顯示自己比傻人要高明，人們往往樂意關照傻人。因此，傻人也就有了傻命。

和傻人相對應的是聰明人。大多數人都想給自己建立一個聰明人的形象，唯恐別人不知道自己聰明，便處處表現自己的聰明。這種唯恐天下不知道自己聰明的人，只能算是一個精明人。就像那些處處拿錢炫耀的人，再有錢也只能叫暴發戶而不能成為貴族。

精明人因為精明，對身邊有利害關係的人總是有一種潛在的威脅。人們時時提防他，處處打壓他。明代政治家呂坤以他豐富的閱歷和對歷史人生的深刻洞察，在《呻吟語》中說了一段十分精闢的話：「精明也要十分，只須藏在渾厚裡使用。古今得禍，精明者十居其九，未有渾厚而得禍者。今之人惟恐精明不至，乃所以為愚也。」《紅樓夢》中的王熙鳳，不可謂不精明，結果是機關算盡反誤了卿卿性命!

《紅樓夢》中的另一主要人物薛寶釵，其待人接物極有講究。元春省親與眾人共敘同樂之時，製一燈謎，令寶玉及眾裙釵粉黛們去猜。黛玉、湘雲一千人等一猜就中，眉宇之間甚為不屑，而寶釵對這「並無甚新奇」，「一見就猜著」的謎語，卻「口中少不得稱讚，只說難猜，故意尋思」。有專家們一語破「的」：此謂之「裝愚守拙」，因其頗合賈府當權者「女子無才便是德」之訓，實為「好風憑藉力，送我上青雲」之高招。這女子，實在是一等一的裝傻高手。

真正的聰明人在適當的時候會「裝傻」。明朝時，況鍾從郎中一職轉任蘇州知府。新官上任，況鍾並沒有急著燒所謂的三把火。他假裝對政務一竅不通，凡事到處詢問，瞻前顧後。府裡的小吏手裡拿著公文，圍在況鍾身邊請他批示，況鍾佯裝不知所措，低聲詢問小吏如何批示為好，並一切聽從下屬們的意見行事。這樣一來，一些官吏樂得手舞足蹈，都說碰上了一個傻主管。過了三天，況鍾召集知府全部官員開會。會議上，況鍾一改往日愚笨懦弱之態，大聲責罵幾個官吏。教訓完之後，況鍾命人將那幾個官吏綁起來，一頓毆打，之後便將他們逐出府門。

精明人成功起來的確會難一些。你的對手會因為你的精明而時時琢磨著你、防備著你，甚至於反過來用更加的精明來算計你。就是和你在同一個陣營中的人，也往往因為覺得你有不錯的資質，對你的期望過高。顯然，過高的期望一旦落空，失望也同樣是「過高」的。

如此看來，人還是傻一點好。不夠傻的話，就裝一次傻吧。

大智若愚在生活當中的表現是不處處顯示自己的聰明，做人低調，從來不向人誇耀自己抬高自己，做人原則是厚積薄發寧靜致遠，注重自身修為、層次和素質的提高，對於很多事情持大度開放的態度，有著海納百川的境界和強者求己的心態，從來沒有太多的抱怨，能夠真心實意地踏實做事，對於很多事情要求不高，只求自己能夠不斷得到積累。

風光時更要注意低調

今年春節時，我約了幾個朋友來家裡吃飯，這些朋友都是互相認識的老朋友了。我把大家聚在一起吃個飯，主要是想藉由熱鬧的氣氛，讓情緒陷於低潮的劉先生逗逗開心。劉先生這一年來一直不順，股市虧本，妻子和他鬧離婚，內外交困中，不到四十歲的他看上去真的是劉「老」先生了。

來吃飯的朋友都知道劉先生目前的境況，大家也盡量說些開心的笑話，不提什麼事業、股票之類的話題。但酒過三巡後，朋友吳先生的話開始多了起來，忍不住大談他在去年如何警醒，如何從各種資訊中捕捉出股市的脈動，又如何躲避那一場金融浩劫。同時，還大談一家人如何「揮霍」賺來的錢。那種得意的樣子，在酒精的作用下格外囂張與神氣。劉先生默默地坐在角落裡，低頭不語，臉色非常難看。沒多久，劉先生就提前離席了。

我送劉先生下樓時，劉先生忿忿不平地說：「小吳賺了錢也不用在我面前炫耀嘛！」我理解劉先生的心情。因為我在多年前處於人生低潮時，也有過類似的心路。

一個人風光得意時，請他閉口不談自己的事蹟也許不太容易。但你一定要想一想，你的觀眾聽了，會是怎樣的感覺？

瑞典知名女影星英格麗．褒曼，在獲得了兩屆奧斯卡最佳女主角獎後，又因在《東方快車謀殺案》中的精湛演技獲得最佳女配角獎。褒曼在領獎時，一再稱讚與她角逐最佳女配角獎的另一位女演員。她認為真正獲獎的應該是這位演員，並由衷地說：「原諒我，我事先並沒有打算獲獎。」

英格麗作為獲獎者，沒有喋喋不休地敘述自己的成就與輝煌，卻對自己的對手推崇備至，極力維護了對手的面子。無論誰是這位對手，都會十分感激，會認定她是值得傾心相交的朋友。一個人能在獲得榮譽的時刻，如此善待競爭對手，如此與夥伴貼心，實在是一種文明典雅的風度。

一個人在低潮時，還不太看得出他的品性。風光時，才能看得更清楚。我們見到了太多苦心經營創業的人，他們行事謹慎、做人規矩，但人一變得有錢有權，就變了。兩隻眼睛朝天望，不可一世。我們稱這種人為「暴發戶」。

得意忘形者並不知道，愈是偉大的人，愈是謙卑待人。同時，愈是謙卑待人，又愈顯其偉大。據說富可敵國的洛克菲勒在準備乘坐火車時，被一個貴婦人要求幫忙提箱子。上了火車後，貴婦人順手給了洛克菲勒一美元的小費。車子啟動後，列車長在例行的巡視中看見了洛克菲勒，高興地打招呼：「嘿，洛克菲勒先生，歡迎您乘坐這趟列車，我是這輛列車的列車長，如果您有什麼需要幫忙的請找我。」洛克菲勒表示感謝後，沒有提出什麼要求。身邊的貴婦人聽了，非常吃驚，認為自己讓石油大王提了箱子、並給了一美元的小費，實在是荒唐。於是她誠懇地道歉，並請洛克菲勒將一美元退給自己。洛克菲勒微笑著回答：「太太，你不用道歉，妳沒有做錯什麼；這一美元是我用自己的能力賺取的，所以我可以收下。」

不要有了一點成就，就喋喋不休地訴說著自己光輝的奮鬥史，有內涵、有實力的人，最懂得低調。

山不炫耀自己的高度，並不影響它的聳立雲端；海不炫耀自己的深度，並不影響它容納百川；地不炫耀自己的厚度，但沒有誰能取代它承載萬物的地位。

第九章　生活當中少不了糊塗

清代畫家鄭板橋曾曰：「難得糊塗」，這四個字一刻出，便立刻成了很多人津津樂道的座右銘。彷彿有許多人生的玄機一下子從這四個字裡折射出了哲學的光輝。糊塗者，非整天渾渾噩噩，無所作為的庸者，而是豁達、自由的高成就者。

「糊塗」不是人人都做得到的，只有那些能讓自己快樂的人才能做得來。懷有糊塗的胸懷，便有了閒雲野鶴般的優遊。糊塗是一種不斤斤計較、吹毛求疵的大度；糊塗是一種超脫物外，不累塵世的高潔；糊塗是一種行雲流水，無欲無求的瀟灑。千萬不要小覷了糊塗，它讓你少受許多人生的爭鬥，享受到內心自由的灑脫生活。

糊塗，既是處世的聰明，又是處世的勇氣。很多人一事無成，痛苦煩惱，就是自認為自己聰明，而又缺乏「裝傻」的勇氣。

莫拿著顯微鏡交朋友

鏡子很平，但在高倍放大鏡下，就成了凹凸不平的山巒；肉眼看上去很乾淨的蘋果，拿到顯微鏡下，到處都是細菌。試想，如果我們戴著顯微鏡生活，恐怕連飯都不敢吃了。推而廣之，如果我們拿顯微鏡、放大鏡去看朋友，恐怕對方也會是罪不可赦、無可救藥的人。

一個人如果擁有敏銳的洞察力，能準確地、全面地了解一個人，的確是一筆財富。

假如能針對不同的人，採取不同的交涉方法，那麼這筆財富算是用在點子上。倘若因為洞察了他人的缺點，對他人雞蛋裡挑骨頭，那麼這筆財富將是一個禍害。

《大戴禮記．子張問人官》中有云：「水至清則無魚，人至察則無徒」。水太清，魚就存不住身，對人要求太苛刻，就沒有人能當他的朋友。

每個人都有缺點，甚至有一些見不得光的陰暗角落。因為我們都是凡人，都有人性的弱點。每一個人的心裡都有陰暗面，在每一顆靈魂下面都藏著委瑣的東西。在與人交往時，我們要懂得「糊塗之術」。交友的「糊塗之術」，簡單來說有以下幾個要點。

其一為不責小過。不要責難別人的輕微的過錯。人不可能無過，不是原則問題不妨大而化之。「攻人之惡毋太嚴，要思其堪受。」意思是批評朋友不可太嚴厲，一定要考慮到對方能否承受。在現實中，有的人責備朋友的過失唯恐不全，抓住別人的缺點當作把柄，處理起來不講方法，只圖洩一時之憤。幾個朋友同室而居，其中一個常常不打掃環境，另一個朋友就常常在別人面前說那人的壞處，牢騷滿腹。久而久之，傳人那人的耳朵中，房內的氣氛愈來愈糟糕，兩人開始冷戰，使得同寢的人都不得安寧。這就是因小失大。

其二是不揭隱私。隱私是一個人最私密的祕密和資訊，你一揭開就會讓別人心上流血。不要隨便揭發他人生活中的隱私。揭發他人的隱私，是沒有修養和道德的行為。人都有自己不願為人所知的東西，總愛探求別人的隱私，關心別人的祕密，不僅庸俗，而且讓人討厭，這種行為本身就是對朋友人格的不尊重，也可能給別人惹來意外的災禍。假如朋友告訴你他心之所思，你更該為其保密，他既然這麼相信你，那麼你一定要學會珍惜這分友情，對於朋友的祕密，三緘其口並非難事，就像朋友的東西寄放在你那兒，你不可以將它視為你的，想用就用。想一想，你自己一定也有隱私，所謂「己所不欲，勿施於人。」

其三為不念舊惡。不要對朋友過去的錯誤耿耿於懷。人際間的矛盾，總會因時因地而轉移，事過境遷，總把心思放在過去的恩怨上，並不是明智之舉。記仇的朋友是可怕的，他說不定會在什麼時候，記起你對他犯下的錯誤，也說不定在什麼時候，他會報復你一下，以求得心理上的平衡。所以，與朋友交往，學會忘記在一起的不快和口角之爭，下次見面還是好朋友。還有，就是對於朋友生活、工作中的習慣，要給予尊重。如果說，在朋友做人中所出現的失誤，你尚可以埋怨一二，但是，對於他的個人習慣，你再挑三揀四就不是可原諒的了。每個人都有不同的特點，不可能與你相同，尊重朋友的習慣是最基本的要求。

洪應明在《菜根譚》中說：「地至穢者多生物，水至清者常無魚，故君子當存含垢納汙之量，不可持好潔獨行之操。」一片堆滿草推和肥料的土地，才能長出許多茂盛的植物。君子應該有容忍世俗的氣度，以及寬恕他人的雅量，絕對不可自命清高，不與任何人來往而陷於孤獨。

人非聖賢，孰能無過？與人相處要經常以「難得糊塗」自勉，求大同存小異，有肚量，能容人，你就會有許多朋友，且左右逢源，諸事遂願。相反，若「明察秋毫」，眼裡揉不進半粒沙子，過分挑剔，什麼雞毛蒜皮的小事都要論個是非曲直，容不得他人，人家也會躲你遠遠的，最後，你只能故步自封，成為讓人避之唯恐不及的異己之徒。

忘記自己對朋友的好

朋友之間，本來就無所謂恩惠，不過是互相幫助、你來我往、取長補短而已。但有些時候，朋友處於難關，需要你拔刀相助時你也做到了。事後，你「最好」忘了自己對朋友的所謂「幫助」與「恩惠」。

我們經常在影視作品或生活中看到這一幕——某個人氣呼呼地控訴：「我當初真是瞎了眼，在你艱難的時候幫你這麼多，今天的你不僅不記得我的好，還要……」這樣的控訴與對話似乎的確不符合人性。但其實仔細分析，或許正是「我」牢記著對別人的好，才在交流裡無意間扮演了「恩人」的角色；而正是這份不對等的關係，最容易導致友誼出問題。

打個比方，懷有「恩人」心態的人，可能會在無意中以一種「恩人」、「救星」的姿態說話、辦事。毫無疑問，在這種心態下，難免有居高臨下的行事態度。

所以，我們說「施恩宜忘」，付出不要有回報的預期。但很多時候是，你忘了別人不一定會忘，絕大多數人還是恪守「滴水之恩，當湧泉相報」的古訓的。別人要報答你怎麼辦？接受！

也許你讀到這裡開始納悶了。不是說「施恩宜忘」嗎？不是說不要有回報的預期嗎？怎麼又冒出接受對方回報這一種事來了，豈不是很「俗」？是的，施恩本來就是不要圖回報的。但對方的回報既然來了，你不妨庸俗一回，接受一把。因為只有你接受了，對方的心中才會平衡，才能將你們之間的關係從「恩人」與「受惠者」的頻道，重新調整回「朋友」的頻道。當然，你接受的回報要基本合理，不要超過當年的給予或超過對方能力範圍。比如你當年在朋友緊急時給了他一萬元應急，後來他賺了錢，還你一萬，你應該就保持笑著接納的心情。賺了大錢，對方可能再多給你三兩千，你也可以略微推辭後說聲「謝謝」並笑納。如果給得太多了，你可以收下一部分，其他當面退還。

總之，對朋友付出後要不圖回報，但回報真的來了也不要過於推辭。前者是一種糊塗，一種健忘的糊塗。後者也是一種糊塗，一種朋友之間情感的糊塗。這兩種糊塗你只要好好體會，一定會讓你的人際關係更加順暢潤滑。君子之交淡如水，小人之交甘如醴；君子淡以親，小人甘以絕。

以德報怨，怨消怒散

知恩不報非君子，對別人給予的恩惠要努力報答。對別人給予的傷害，是否也要努力「報答」呢？是「有仇不報非君子」嗎？

在對待報恩與報仇上，普遍的看法是「以其人之道還制其人之身」。也就是說，你怎樣對待我，我就以同樣的方式回敬你，公平、合理，兩不相欠。而具體到報仇上，可以概括為「人不犯我，我不犯人；人若犯我，我必犯人！」乾淨俐落，不留餘地。

上面所說的對待「報仇」的態度，即使放在天秤上經過精密的衡量，也是「公平」的。你打我一拳，我踹你一腿，兩邊抵銷。但生活中真的有那麼多大「仇」和「怨」值得你去「回報」嗎？

有人會回答：「值得，為什麼不值得呢？他給我造成了傷害，讓我倍受煎熬，我也要讓他知道痛苦，這叫報應！」結果原本是一個人痛苦，現在變成兩個人，報復者心裡確實平衡了很多。但你應該聽到過「仇人相見，分外眼紅」這句俗話，你們之間的仇恨和誤會更大了，恐怕以後還會互相爭鬥。

冤冤相報何時了！生活中很少有什麼不共戴天的大仇非報不可，真的到了「大仇」的份上。就算有，也會有法律來制裁他，也會有道德來壓制他。一般的怨恨與誤會，還是以德報怨更好。子曰：「為政以德，譬如北辰，居其所而眾星共之。」可見「德」的力量之大。

相傳戰國時魏國有一位名叫宋就的大夫，曾一度為魏國邊縣之令，與楚國相鄰。魏楚兩國的交界處都種有瓜，魏國的人辛勤澆灌，農作物長得很好。楚國人懶惰，不常澆灌，農作物長得不好。楚國的縣令為此責備楚亭之人，楚人因此對於魏人產生怨恨，於是在一個晚上將魏國這邊的農作物全部亂摘亂踩，導致隔天魏國人發現農作物都損壞了。是誰做的壞事？魏人當人很清楚，他們怒火中燒，商議在某個晚上也去破壞楚國人的農田。事前，魏人去向宋就請示，宋就回答說：「為什麼要這樣呢？仇怨，是災禍的根由。因為別人恨己，自己就報復恨人，這太偏執啦！要我說，你們應該每天晚上去澆灌楚亭的瓜，不要讓楚人知道。」魏人依計行事。不久，楚人就發現自己這邊的瓜一天比一天長得好，他們覺得很奇怪，於是偷偷觀察。結果發現居然是魏人在為自己澆瓜。楚人非常感動與慚愧，就將這事的來龍去脈一一彙報給楚邊縣之令，後來這事一直傳到楚王耳中。楚王知道這是魏人暗中相讓楚國，覺得魏人很重信義，遂主動和魏國交好。

我們常說種瓜得瓜，種豆得豆。魏人種瓜，沒有得到瓜，楚人沒種瓜，還毀了人家的瓜，卻得到了瓜。但魏人又何嘗沒有收穫？他們的收穫比農作物還要貴重無數倍啊。這就是「以德報怨」的回報。我們不妨設想一下，魏人當初要是沒有聽宋就「以德報怨」的建議而「以牙還牙」，結果又會是如何呢？無非是在怨怨相報的無休止中兩敗俱傷。

以德報怨聽起來似乎很難，要有極大寬容之心的人才能夠做到。其實，從生活小事開始做起也沒有多難。小張喜歡在背後詆毀你，你糊塗一點當作沒聽見，或者再糊塗一點，在背後極力地誇讚他，這很難嗎？我不相信小張還會在你的誇讚下繼續詆毀你。退一萬步說，小張人格扭曲，非要說著你的不是，其他人在你的「以德報怨」和小張的「以怨報德」之中，還不能分辨出是非？只會更加輕蔑小張而尊敬你。

從小事開始「以德報怨」，不僅鍛鍊了你的容人之量，還有一個非常重要的好處就是，在小事的「以德報怨」裡，你能夠於無形之中化解將來可能出現的更大的「怨」與「仇」。想一想，你整天誇獎詆毀你的張三，他和你的矛盾還能激化、升級嗎？反之，你和他對罵，說不定導致動手，再由動手又上升到各自找朋友群毆也說不定。到了那個時候，兩人之間結下了更深的仇恨，要想「以德報怨」就真的有難度了。所以，我們會發現一個有趣的現象，那些能夠做到「以德報怨」的人，往往並沒有太多的太大的「怨」發生在他身上。

以德報怨如果是真誠的、發自肺腑的，當然也是最容易感動人的，縱然鐵石心腸也難以無動於衷。

有理你何妨再讓三分

或許生活中我們承受了太多的負面能量，被主管罵了，被妻子怨了，被子女氣到了……這些似乎都需要無條件忍耐。有的人忍一忍，氣就消了；有的人忍耐久了，心中的不平之氣就如堤內的水位一樣節節攀升。對於後者來說，一旦逮住一個合理的宣洩口子，心中的怒氣極易如洪水決堤般，還美其名曰：「理直氣壯」。

小李踩了小黃的腳，連抱歉都沒說一句就揚長而去。你說聲不生氣？追上去，找他理論！小黃理直氣壯地攔住小李：「你有沒有禮貌啊？踩了我的腳就走。」小李一聽，有些理虧，慌忙說了聲對不起。其實，小李之所以沒有及時道歉，是因為心裡正想著一件重要的事，沒有注意到自己踩了別人的腳。可小黃還不依不饒，認為自己有理在手，一定要對方把自己被踩髒的鞋擦乾淨。結果兩人由爭執變成了打架，誰也沒落個好下場。

有那個必要嗎？我發現多數人看自己的過錯，往往不如看別人那樣苛刻。原因當然是多方面的，其中主要原因是我們對自己犯錯誤的來龍去脈了解得很清楚，因此對於自己的過錯也就比較容易原諒；而對於別人的過錯，因為很難了解事情的方方面面，所以比較難找到原諒的理由。因此，大多數人在評判自己和他人時不自覺地用了兩套標準。例如我們發現了旁人說謊，我們的譴責會是何等嚴酷？可是哪一個人能說他自己從沒說過一次謊？也許還不止一百次呢！做人要學會為他人留下臺階，這也是為自己留下一條後路。每個人的智慧、經驗、價值觀、生活背景都不相同，因此在與人相處時，相互間的衝突和爭鬥在所難免——不管是利益上的爭鬥還是非利益上的爭鬥。

大部分人一陷入爭鬥的漩渦，便不由自主地焦躁起來，一方面為了面子，一方面為了利益，因此一旦自己得了「理」便不饒人，非逼得對方投降不可。然而「得理不饒人」雖然讓你吹著勝利的號角，但這也是下次爭鬥的前奏，因為這對「戰敗」的一方而言也是一種面子和利益之爭，他當然要伺機「討要」回來。

最容易步入「得理不讓人」誤區的，是在能力、財力、勢力上都明顯優於對方時，也就是說你完全有本事乾淨俐落地收拾對方。這時，你更應該偃旗息鼓、適可而止。因為，以強欺弱，並不是光彩的行為，即使你把對方趕盡殺絕了，在別人眼中你也不是個勝利者，而是一個無情無義之徒。

洪應明在《菜根譚》中說：「鋤奸杜倖，要放他一條生路。若使之一無所容，譬如塞鼠穴者，一切去路都塞盡，則一切好物俱咬破矣。」所謂「狗急跳牆」，將對方緊追不捨的結果，必然招致對方不顧一切的反擊，最終吃虧的還是自己，這也算是一種讓步的智慧吧。

有一位哲人說過這麼一句引入深思的話：「航行中有一條公認的規則，操縱靈敏的船應該給不太靈敏的船讓道。我認為，人與人之間的衝突與碰撞也應遵循這一規則。」如果你讀懂了這句話，心裡一定會明亮無比，再碰上與人發生糾葛，也能做到糊塗處之了。

家庭瑣事更需要糊塗

柴米鹽油醬醋茶……家事真是瑣碎得讓人無聊。但無聊不要緊，無聊之中千萬不要不服氣。一家人之間很少有什麼原則、立場的是非問題。都是一家人，非要用「顯微鏡」的眼光看問題，分出對和錯，又有什麼意義呢？

有些女性，喜歡把家裡布置得乾淨整潔。這本來是一個很好的優點，但若是過度了就恐怕會讓人難以忍受。比如我某個朋友的妻子，因為過於愛家，不准孩子邀朋友來家裡玩，因為這樣容易會把家裡漂亮的家具弄壞，把家裡精巧的擺設弄亂。丈夫也不准在家裡抽菸，陽臺上也不行，煙味會沾染窗簾。一切用品，報紙雜誌，用後必須歸回原位。這種近乎神經質的規範，我不知道有幾個人能夠感到快樂。

夫妻關係是家庭裡最重要的關係。有人說：「戀愛時要睜大雙眼找對方的毛病，結婚後則要睜一隻眼、閉一隻眼。」生活是現實的，愛情是存在的，這點是不容置疑的，但湯勺總會碰到鍋鏟的，兩個人在一起磕磕碰碰時，是很容易產生衝突的。「清官難斷家務事」的話自古有之，如果非得弄個清清楚楚，最後只能是公說公有理、婆說婆有理的兩敗俱傷。

再說最讓人頭疼的婆媳關係，哪一起糾紛涉及到了大事？無非都是些諸如兒媳多開了幾盞燈、老公背後給了婆婆一點錢之類的小事。結果吵來吵去，婆媳反目者有之，家庭離散的有之。為了什麼呢？幾盞燈？一點錢？

還有孩子。都說孩子是自家的好。怎麼個好？上一大堆才藝班、補習班，三歲就要求孩子背誦五十首唐詩，四歲時就必須將一首首難度極高的鋼琴曲彈得行雲流水，五歲必須和外國人進行日常對話……至於品行，則要求得更嚴了，一二三四五，條條框框無數。一條違背，嚴懲不怠。這在做什麼呢？培養聖人？聖人是這樣培養的嗎？依我看，還是蘇東坡在自己兒子滿月時，所寫的〈洗兒詩〉說得好：「人家養子愛聰明，我為聰明誤一生。但願生兒魯且愚，無災無病到公卿。」

說了關於家庭中容易產生的瑣事，無非是規勸大家在家裡要「糊塗一些」，要「睜一隻眼，閉一隻眼」。糊塗是一種高層次的珍惜與愛。看身邊那些打了一輩子、鬥了一輩子的人仍然還得待在一個屋簷下，在三兩個人的世界裡，誰贏了誰，都是輸。與其糾纏不清，不如難得糊塗，大事化小，小事化了，你快樂所以我快樂。

面對生活中無原則性的小事，不必認真計較。從心理學角度看，一個對無原則性的不中聽的話或看不慣的事，裝作沒聽見、沒看見或隨聽、隨看、隨忘，這種小事糊塗的做法．不僅是處世的一種態度．亦是健康長壽的祕訣之一。

第十章　身處職場哪能那麼清楚

人在職場做，哪能不落刀？有的人被弄出了一身傷；有的人被弄出了一肚子氣；有的人卻弄出了一身好能力。

什麼好能力？糊塗的能力！職場如同一個戰場，只有那些「糊塗功力」精湛的人，才能夠屈伸有度、進退自如，好比傳說中的醉拳，於閃挪騰轉中輕鬆制勝。

誰願意當一株小草

小傑最近比較心煩，不是為了升職加薪的問題，而是因為感覺在公司被忽略了。

小傑的成長過程，簡直就是一個「好孩子」的範本。從小學到大學，成績一向不錯，屬於那種讓老師舒心、讓家長放心的孩子。而且，在學校，他的文學、藝術、體育才能也表現優異，經常獲得作文競賽獎、體育競賽獎之類的獎狀。

大學畢業以後，羅傑進了一家大公司，同期來的有各大名校的畢業生，甚至有從海外歸來的優秀人才。猶如一滴水，小傑終於來到了河裡，卻突然找不到自己了。沒有花香，沒有樹高，變成一棵無人知道的小草。被人忽略的感覺，如同鈍刀割肉般令人持續地疼痛。

當主角當然有很多好處，除了物質上相對更為豐厚的回報外，還在精神上更有成就感。但當明星也有不好的地方。大紅大紫後的著名豔星瑪麗蓮・夢露，有一次和閨中好友去海邊度假。好友在起床時，看到夢露在窗前看日出的美妙身影，情不自禁地說：「我願意犧牲一切變成妳。」夢露轉過身，惶恐地說：「不，不，我願意犧牲一切變成妳。」夢露為什麼要那麼說？你想一想這位明星每天是怎樣過著無隱私、被騷擾、被誹謗的日子吧。

職場也是一個舞臺，同樣也有明星。只不過職場的明星和娛樂圈的明星的困擾有所不同罷了。作為職場的明星，別人不至於過分熱衷於你的隱私，但對於你在職場上的一舉一動是很關注的。你哪一點做得不夠出色，馬上就會引起非議——別人對你的要求是「明星級別」的。你說錯一句話，很快就傳到主管的耳朵裡——好多人在覬覦你的位置。總之，你什麼地方都要對得起自己的「明星」頭銜。

這樣想一想，明星也很累是嗎？也許你會說：「你不過是在杞人憂天而已。」不是，這不僅僅是杞人憂天的問題。你想當明星沒有錯，是應該值得肯定的。但在沒有成為明星之前，是否可以少一些煩躁與憤恨、潛心學習明星是如何當的，並努力提高自己的各種能力？這種更具有建設性的舉措，不僅有利於你早日做一個明星，同時也有利於做了明星後坐得更穩。

這樣應對「被忽略」，你的心境會變得平和，性格會變得穩重。對許多事情也看得很開，對那些很好強很衝動的行為，總是寬容一笑。這樣，你學會了被人忽略。由於學會了被人忽略，也使你成熟。你覺得天比以前更高了、更藍了。生活多了好些滋味。你的心情輕鬆愉快，你的工作更有成效。你不僅更熱愛生活，也開始享受人生。

或許，在你徹底適應了這種被忽略的日子後，還真的出現一個當明星的機會。相信那時候，你已經練到了寵辱不驚的境界了。而如果最終也沒有讓你明星起來，也沒有什麼關係——因為，你已經適應了被忽略。看到這裡，你糊塗了是嗎？

糊塗了就好，人生要那麼清醒做什麼！明星終歸是屬於少數人的，我努力做了，沒有得到，也就無怨無悔了。小草就小草吧，沒有小草，世界早就成了荒漠。

人應該學學花木，安靜地開，安靜地謝。不管面對的是國王還是乞丐，都一視同仁，按照自己的節奏開花與凋零。

板凳需坐十年冷

「坐冷板凳」和「被忽略」有些形似，但實質上是有區別的。一般來說，一直就處於「被忽略」狀態上的員工，是沒有資格說自己「坐冷板凳」的。在職場上，「坐冷板凳」指的是那些曾經有過風光，卻突然被冷落的人。

和被忽略者相比，似乎坐冷板凳的感覺更為難受。冰火兩重天，曾經滄海難為水啊。特別是那些自以為做得很棒的人，心裡更是失落。明明在職場上好好的，為何要被取代？

小古最近被公司新來的主管弄得既生氣又鬱悶。小古是公司的副總經理。自從新的主管來了後，公司啟用了新的報銷流程表，從此原來大權在握的小古，如今連每一次計程車錢都要親自寫清楚上下車地點及會見了什麼人，以前五萬元以下的費用無需報帳的日子更是一去不復返。財權被收了，所有的許可權都跟著銳減。好幾個正在談的項目突然被安插進來的新人拿走了，再也不是他一個人決定了，所有細節都要集體討論。對於年富力強的小古來說，這樣的日子一天都忍受不了。還不到一個月的時間，小古就已經在積極和下一個面試公司聯繫了。

針對職場主管不堪忍受「冷板凳」的現象，分析學者也感到頗為困惑，是機會太多，還是現代人對挫折的忍耐力普遍下降？與這位主管相比，另一位與他境遇相當的主管也是吞不下這口氣。讓人大跌眼鏡的是，在他離開一個月之後，主使者也被趕下了台！可以想像如果副總裁再稍微多忍一個月，就算不被扶正，至少境遇也應該好轉了。

最後，我們從古今中外那些善於坐冷板凳、並最終獲得上球場機會的糊塗人身上，提出了他們三點共性。首先，臉皮要厚。當圍繞在身邊的諂媚的笑容通通降級為敷衍的笑容，甚至別人的目光裡明顯含有憐憫的神色時，要「厚顏無恥」、熟視無睹。其次，要有強大的自我欺騙能力，你可以將其理解為阿Q的精神勝利法。每天臨睡前都提醒自己，這種情況不久一定會改變的，並騙取自己的信任。再者，要有過人的表演才能。要把坐在冷板凳上的自己，扮演得依然像是場上主力一樣熱情、活躍。

板凳須坐十年冷，文章不寫一句空。

容忍職場的不平

一分耕耘就會有一分收穫嗎？不一定。付出與回報之間的關係沒有那麼簡單。我們常常會看到這樣一些現象：沒有能力的人身居高位，有能力的人懷才不遇；做事做得少或者不做事的人，拿的薪資比做事做得多的人還要高；同樣的一件事情，你做好了，老闆不但不表揚，還對你雞蛋裡挑骨頭，而另外一個人把事情搞砸了，還得到老闆的誇讚和鼓勵……諸如此類的事情，我們看了就生氣，會理直氣壯地說：「這簡直太不公平了！」

公平，這是一個很讓我們受傷的詞語，因為我們每個人都會覺得自己在受著不公平的待遇。事實上，這個世界上沒有絕對的公平，你愈想尋求百分百的公平，你就愈覺得別人對自己不公平。

美國心理學家亞當斯提出一個「公平理論」，認為職員的工作動機不僅受到自己所得的絕對報酬的影響，而且還受到相對報酬的影響，人們會自覺或不自覺地把自己付出的勞動與所得報酬同他人相比較，如果覺得不合理，就會產生不公平感，導致心理不平衡。

還沒有進入職場之前，還在校園裡「做夢」的時候，我們以為這個世界一切都是公平的。不是嗎？我們可以大膽地駁斥學校裡的一些不合理的規章制度，如果老師有什麼不對的地方我們可以直接提出來，根本不用害怕。在別人眼裡，你是「有個性」和「有氣魄」的人。

但是，進入職場之後，「人人平等」變成了下級和上級之間不可逾越的界限，「言論自由」變成了沒有任何藉口。如果你動不動就對公司的制度提出質疑，或者動不動就和主管理論，到頭來往往是搬起石頭砸自己的腳。

小玫原以為某外商公司的人，職員應該個個精明。誰知，自己在公司裡工作了一段時間，才發現不過如此：祕書整天忙著「走時裝秀」；同事小張天天晚來早走，三個月了也沒見到他拿回一個訂單；還有小燕，簡直就是多餘的職員，每天的工作只是統計員工的午餐成本。小玫驚嘆：「沒想到在企業這麼好混！」

那天，她去找王小姐領資料夾，小張陪著小燕也來領。恰巧就剩下最後一個資料夾，小玫笑著搶過說：「先來先得。」小燕可不高興了，說：「你剛來，哪有那麼多的檔要放？」小玫不服氣：「你有？每天做一張報表就沒事了，你又有什麼檔案要放？」一聽這話，小燕生氣了，王小姐連忙打圓場，從小玫懷裡搶過資料夾，遞給了小燕。

小玫氣哼哼地回到座位上，小張端著一杯茶悠閒地走進來：「怎麼了，有什麼不服氣的？我告訴妳，小燕的舅舅每年都給我們公司五百萬的生意，妳……」然後，打著呵欠走了。

下午，王小姐為小玫送來一個新的資料夾，並向小玫道歉，她說她得罪不起小燕，那是主管們眼裡的紅人；也不敢得罪小張，因為他有廣泛的社會關係，不少部門都得請他去溝通協調呢，況且人家每年都能拿回一兩個大單。

主管不是傻瓜，絕不會平白無故地讓人白領薪資，那些看似遊手好閒的平庸同事，說不定擔當著「救火隊員」的光榮任務，關鍵時刻，老闆還需要他們往前救火呢。職場的水深著，千萬別像個莽夫般蠻橫。

對於職場上種種貌似不公平的現象，不管你喜不喜歡，都是必須接受的現實，而且最好主動地去適應這種現實。

當你怨恨這個世界不公平時，請測試自己是否有一顆公平的心。

提防有人出賣你

同事究竟是相互扶持的同行者？還是彼此糾纏相鬥的狼？如果把職場比喻成一片汪洋，每個在海中奮進的泳者，除了鍛煉自己的泳技實力，也要顧及海水起伏的潮汐；行有餘力，還可以當個救生員來拉同事一把。

然而並不是任何人都可以勝任救生員的工作，畢竟想要救人，得先學會自救。熱心的救生員或許曾救過無數的人。然而，也有救生員在執行救人任務時，慘遭被對方拖下水：「他的人生是浮起來了，我的人生反而沉下去了。」

曾經有過被同事出賣經歷的人，沒有不後悔莫及的。有人處就有江湖，有人處就有殺戮。這話有點血淋淋，但卻是一句實話。商場如戰場，職場若江湖，各種較量的手段層出不窮，若沒有幾分防備之心，不被賣了才怪呢。

剛從大學畢業的小劉，憑藉過人的電腦技術進入一家電腦公司擔任職員。剛進這家公司的時候，同事們一個個都很忙，很少有人和他搭話。就在小劉默默地開始自己的工作生時，同事大李向小劉伸出了友誼之手。大李非常熱心地照顧著小劉，兩人很快就成了好朋友。好朋友之間說話當然會沒有那麼多的顧忌，一開始，大李經常在小劉面前抱怨，說公司這也不是那也不是。時間一長，小劉受到了大李的影響，也開始看這不順眼看那不順眼，

在一次公司的會議上，小劉因為事先受到大李的慫恿，和公司主管有了誤會。雖然是為了公事，但這多少還是影響了主管與小劉的關係。不久，早就聽聞公司將外派一個技術人員出國進修，名單也下來了，名單上寫的是大李的名字。原本也有出國進修可能的小劉這才恍然大悟，原來自己被人出賣了！

同事之間的情誼，應該是若即若離的。對於那些超出同事情誼的過分熱心要格外警惕。如果同事突然對你十分熱情與友善起來，那麼你應該有所警覺，因為這種反常行為很可能表示他對你有所企圖或有所求。之所以用上「可能」這兩個字，是為了對這樣的行為保持一份客觀，避免以小人之心度君子之腹。

別以為平日同事對你有加，就可以不顧一切為他掏心掏肺，「害人之心不可有，防人之心不可無」！要明白在辦公室不可隨便交心。在辦公室內，不論你平時表現得如何溫

順，也會有人視你為競爭對手或潛在的競爭對手，或無端地被人當成敵對的目標。你在與同事聊天，聊到敏感話題時要知道緘默，例如你感情上的隱私，或者你公司的管道，以及背後對於主管的批評，等等。總之把握一條：說出去的話是可以說給任何人聽，不會有什麼顧忌的，那就可以說。否則，再好的同事，也不可以向其敞開心扉。不論多麼值得信賴的同事，當工作與友情無法兼顧的時候，朋友也易變成敵人。如果難以做到緘默，就裝傻，問東答西，然後迅速找藉口離開是非之地。

《孫子兵法．地形篇》中說：「善守者，藏於九地之下。」意思是說，善於防守的人，像藏於深不可測的地下一樣，使敵人無形可窺。與同事交往，也要謹以安身，避免成為別人攻擊的目標。老祖宗的話歷經千年考驗流傳至今，是有很高含金量的。

防守的最佳方法，是讓對手找不到進攻的目標。

適當隱藏自己的鋒芒

在職場中，你要學會適當收斂自己的鋒芒，不要處處好勝。《孫子兵法》中有雲：「兵者，詭道也。故能而示之不能，用而示之不用……」這裡所謂的「能而示之不能」，是指有能力卻故意裝作沒有能力的樣子。

三國時期的陸遜，是東吳繼周瑜、魯肅、呂蒙之後的又一個聲望頗高、功績卓著的將領。他智勇兼備，武能安邦，文能治國，並且品質高尚。孫權把他比做成湯之伊尹和周初之姜尚。就是這麼一個有才能之人，在奪取荊州一戰中，不停以卑下的言辭寫信吹捧關羽。關羽收到陸遜吹捧自己的信後，認定二十三歲的陸遜是一個百無一用的書生，對東吳軍隊完全喪失警惕，全力對付曹操。這樣，吳軍才得以白衣渡江，兵不血刃地輕取荊州。

兵不厭詐，戰爭終歸是以成敗論英雄的。職場上的較量或許沒有戰場上的交鋒那麼慘烈，但人與人之間交鋒的複雜程度絲毫不亞於戰爭。因此在某些特殊的場合和情境下，還是需要裝裝無能的。比如同事費了很大力也解決不了一個技術問題，主管見了勃然大怒，當場指定你去解決——而這個問題恰恰是你能夠輕鬆解決的。主管叫你上場你當然得上上，但如何上場？其中有很多的講究。是立刻解決？還是假裝自己也不能解決？或者假裝很艱難地解決？

一般來說，立刻解決是不可取的，因為你的行為會傷害到同事在主管心中的地位，也會傷害同事的自尊。上場之後假裝自己也不能解決，也不可取，因為這突破了職業精神的底線，也錯失了一個在主管面前的絕佳表現機會。因此，折衷的方法是假裝很艱難地解決問題，其中你還應該就某些你本來就知道的問題向同事「求教」，最後，在雙方的「共同」智慧下，問題「總算」圓滿地解決。這個折衷的方法，其實就是一個恰好的方法。既解決了問題，也適當地表現了自己，也沒有影響同事的情緒和尊嚴。

對於同事你不能過於凌厲，對於主管就更應該注意了。刀的鋒芒終究是拿來用的，人的鋒芒也是。如果老是藏著，等於沒有。所以，我們說隱藏鋒芒要「適當」。三年不飛，一飛沖天；三年不鳴，一鳴驚人。「藏」是為了「亮」，這個辯證關係一定要弄清楚。如果你看到了一個可能一鳴驚人的絕佳機會，切記千萬不可以放過。

鋒芒固然可以傷人，但同時也易傷己。高明的劍客從來不隨便亮劍。

有時候你需要主動「背黑鍋」

沒有誰喜歡背黑鍋，因為黑鍋上寫著「恥辱」兩個大字。黑鍋的恥辱一方面來自於黑鍋本身的過錯——那個過錯屬於你了；另一方面來自於背黑鍋的行為——明明不是自己的錯卻偏偏變成了自己的錯。

一般的人都有「搶功推過」的心理，自己的錯還想方設法要別人來背，怎麼會願意主動去背黑鍋？但是，糊塗的人不完全是這樣，他們會在適當的時候來做那個「愚蠢」的背黑鍋者。

某部門主管小劉由於在一次談判中失誤，受到總經理的指責，並銳減了部門所有職員的獎金。大家很生氣，認為小劉失當，造成的責任卻由大家來承擔，所以一時間怨氣沖天，小劉處境非常困難。

這時祕書小張站出來說：「其實這件事的主要責任人是我，當時若是我按照小劉的要求準備好所有材料，也不至在談判中處於被動。我今後一定吸取這次教訓，把該做的工作做好。」眾人聽了，對小劉的怒氣少了許多。劉經理從此對小張青睞有加，格外照顧。

也許有人會說：「黑鍋原來這麼好，那麼我以後也爭取多幫主管背黑鍋就是了。」這話非常不對，背黑鍋也要看「鍋」的大小，太大了只怕你背不動，成了真「黑鍋」。

黑鍋雖黑，但裡面有肉。裡面雖有肉，但有點燙手。要不要背，能不能背，敢不敢背？全看你的眼力、體力與勇氣。

第十一章　運用廣泛的糊塗口才

每個正常人，從牙牙學語起，到壽終正寢止，幾十年的光陰，不知道要說多少話。說話的口條對於一個人的人生美滿幸福來說重要之極。一般人以為，只有滔滔不絕，才稱得上好口條。

我不這麼認為。真正的好口條，並不一定要說得天花亂墜，可以是隻言片語，甚至可以是一言不發。真正有好口條的人，講究的是以獨特的眼光去審視世界，以特有的大智慧去擁抱人生，以固有的方法去展開生命，這就是「大智若愚，大巧若拙」的至高境界。他們看透而不說破。說不說，說到什麼程度，完全視必要性、可行性而定，視場合、時間、地點、對象和後果而定。

掌握糊塗口才的人，更多的用心功。他們看上去不太善於言辭，唯唯諾諾、迷迷糊糊，卻能以靜制動、以柔克剛、後發制人。

話莫說滿，留些餘地

洪應明在《菜根譚》中有云：「天道忌盈業不求滿。意為事事要留有餘地，如是則『造物不能忌我，鬼神不能損我。若業必求滿，功必求盈，不生內變，必招外憂。』。」真正明智的人是很少說「一定」、「絕對」、「保證」之類的話的，他們盡量用「應該」、「我想」、「試試看吧」之類的含糊語言，給自己留有餘地，使自己言不至於極端，從而行動才能自如。同時，也給別人留有餘地，減少口角之爭。

把話說得太滿的現象，在我們的生活中仍屢見不絕。諸如「這樣若成功，我就不叫某某某」或「除非……否則我絕不……」之類的句子，在你我的口中，都曾出現過。好比朋友小李在公司裡因為工作問題和同事產生爭執，小李要用第一個方案，他的同事要用第二個方案。爭來爭去誰也說服不了誰，於是決定各自按照自己的方案做。本來說好分頭行動，小李卻忍不住丟下一句：「你的方案絕對不行，要是成功了我不再姓李，我跟你姓！」後來的事實讓小李非常難堪，他自己的方案失敗了，而同事的方案成功了。小李當然不可能真的改自己的姓，同事也沒有再提小李改姓的話。但小李明顯感覺到周圍其他同事對自己的冷淡。三個月後，同事升為主管，小李辭職。

生活中有很多事情我們無法預料它的發展態勢，不了解事情的發生背景，切不可輕易地下斷言，不留餘地，使自己一點迴轉的餘地都沒有。

不少人會反感一些政府官員在面對記者採訪時老是用一些中立的態度說一些非問即答的字句，比如可能、盡量、研究、或許、評估……其實，他們之所以運用這些字眼，就是想為自己留有餘地。否則一下把話說死了，結果是事與願違，那該多難堪啊！

那麼，怎麼樣才能為自己留有餘地呢？

一，答應別人的請求時，盡量不要用「保證」之類的字眼，應以「我盡量、我試試看」的字眼。

二，主管交辦的事當然接受，但不要說「保證沒問題」，應代以「我全力以赴」的字眼。這是為萬一自己做不到留下一條後路，而這樣回答事實上也無損你的誠意，反而更顯出你的審慎，別人會因此更信賴你！即使事沒有做好，也不會怪罪你。

三，與人交談不要口出惡言，更不要說出「勢不兩立」之類的話；除非有不共戴天之仇。不管誰對誰錯，最好是閉口不言，以便他日如攜手合作時還有「面子」。

四，不要把人「看死」。像「這個人完蛋了」，「這個人一輩子沒出息」之類屬於「蓋棺定論」的話最好不要說。人的一輩子很長，變化也很多。

話莫說滿，要留餘地。言不至於極端，行就不會被逼絕境。

言多必失，沉默是金

在我們身邊，常常會見到某一類人，知識不多、見識不廣、能力不高，卻喜歡在人前侃侃而談，信口開河。不懂裝懂，不該說的要說，不會說的也要說，滔滔不絕，眉飛色舞。這種人，不僅會因淺薄而讓人打心底裡看不起，還容易惹禍上身。

俗話說「禍從口出」、「言多必失」，或是「說出去的話，潑出去的水。」既然是於人無利地說，就難免於人有害。嘴巴是自己的，除了自己誰也控制不了，特別是「不懂得說話分寸」的時候。古人云：「一言既出，駟馬難追。」可見，如果說錯了一句話，要想挽回是非常困難的。

古希臘哲學家蘇格拉底的演講藝術十分高超，猶如「爐火純青」的地步，引得不少年輕人慕名而來學習口才。有一天，有一位年輕的求學者上門，大概是為了表現自己是一個可造之才，一定不會有辱師門的光彩，年輕人一見蘇格拉底便滔滔不絕地侃侃而談。蘇格拉底當然收下了他，但要索取雙倍的學費。年輕人很不解，蘇格拉底便說出了最值得人們深思的一句話：「因為我要教你兩門功課，一門，是教你怎樣學會閉嘴，另一門才是怎樣去演講！」

很多聖賢都發現了這個道理，因此他們輕易不作聲，大多數時候緘默不語。釋迦牟尼曾端坐蓮花臺上，面對諸位弟子，突然拈花微笑，眾人不解其意。只有迦葉尊者領悟了佛祖的意思，他會心一笑，於是就有了禪宗的起源。孔子觀於後稷之廟，有三座金鑄的人像，就在它的背上銘刻了幾句名言：「古之慎言人也，戒之哉！無多言，無多事。多言多敗，多事多害。」

釋迦牟尼佛作拈花微笑，孔子銘刻「無多言，無多事」，這兩位東方的聖人的行為，寓意深刻。它勸誡人們，為人寧肯保持沉默寡言的態度、不驕不躁、狀若笨拙的糊塗樣，也絕對不要去做那自作聰明、侃侃而談的人。

《鬼穀子．本經符》中有云：「言多必有數短之處。」這就是成語「言多必失」的出處。為什麼言多必失，我們可以從兩個角度來分析這個問題。首先，任何一個人都客觀存在一定的語言失誤率，從概率的角度來說，「言」的基數愈大，失誤的絕對數目就會愈大；其次，言語過多，難免把時間與精力側重在了說話這件事上，為思考留的時間與精力過少，必然會增加了語言的失誤率。

言多必失，沉默是金。在非原則問題上懶得計較，對不便回答的問題佯裝不懂，對有損自身的問題假作不知，以理智的「糊塗」化險為夷，以聰明的「糊塗」平息可能發生的種種矛盾。一個人唯有靜下心來，才能集中精力，才能明察秋毫，才能多聽、多看、多想，才能不鳴則已，一鳴驚人。而且因為你恰如其分的沉默，無疑給別人留下了足夠的表演空間，而你則是一個好聽眾、好觀眾，這樣無疑是會贏得別人的好感與尊重的。

值得指出的是，對沉默是金這句話當然也不應機械地去理解。什麼都不表態，什麼都保持沉默，並非一種積極向上的人生態度。沉默要恰到好處。火候不足，內不足以修心養性，外不足以親切感人；火候過老，顯然已是身如槁木，心若死灰，又何來生趣呢？

總之，我們不能為沉默而沉默，沉默不是最終的目的。沉默的最終目的是把話說好。只有這樣，沉默方才是金。

靜坐常思己過，閒談莫論人非。

以靜制嘩，後發制人

以靜制嘩，是一種很高明的「糊塗口才」，意思是說，以自己的安定、鎮靜應付對手的喧嘩或浮躁不安，從而獲得勝利。

夫妻之間的爭吵，有時小吵，有時大吵；有明吵，還有暗吵。小吵就是相互鬥嘴，從此發生一些口角，這種爭吵一般是可以自行調節的。大吵就是雙方都動了真格的，持續的時間長，涉及的問題多，非要爭個你輸我贏。這種爭吵一般要由他人出面相勸才能解決。暗吵就是夫妻倆關起門來吵，不願意讓人知曉，當有外人來時，雙方就會中止爭吵。明吵則相反，就是要當著眾人的面爭吵，這種爭吵一般是要把矛盾公開化，是爭吵中最為嚴重的一種類型。

當然，不少夫妻在爭吵時各種形式是同時或交替出現的。不管怎樣，夫妻爭吵總不是一件好事，它會給夫妻生活帶來許多煩惱，甚至是不幸的禍根。因此，能夠避免爭吵，保持自始至終的和諧與合作當然是一件幸運事；但在爭吵不可避免時以理智、冷靜而恰當的態度處之，並及時減少或消除由此帶來的不良後果，重新取得和諧，卻不失為一種藝術。

「以靜制嘩」也可用來對付無賴小人。有這樣一個故事。

古時候，有個農民牽著一匹馬到外地去，中午走到一家小店去用餐，這時一個商人騎著一匹馬過來，也將馬往同一棵樹上拴。農民見了忙說：「請不要把你的馬拴在這棵樹上，我的馬還沒有馴服，牠會踢死你的馬的。」但那商人不聽，拴上馬後也進了小酒店。

一會兒，他們聽到馬匹可怕的叫聲，兩人急忙跑出來一看，商人的馬已經被踢死了。商人抓住農民就去見警察，要求農民賠償損失。警察向農民提出了許多問題，可問了半天，農民裝作沒聽見似的，一字不答。

警察轉而對商人說：「他是個啞巴，叫我怎麼判？」商人驚奇地說：「我剛才見到他的時候，他還說話呢。」警察接著問商人：「他剛才說了什麼？」商人把剛才拴馬時農民對他說的話重複了一遍，警察聽後說：「這樣看來是你無理了，因為他事先曾警告過你。因此，現在他是不應該賠償你的馬。」

這時農民也開了口，他告訴警察，之所以不回答問話，是想讓商人自己把事情的所有經過講清楚，這樣，不是更容易弄清楚誰是誰非嗎？

由此可見，在日常交際中，遇到自身難以說清是非的問題時，不如也像這位農民一樣，以靜制嘩，等他人自露破綻，再後發制人。

說話的藝術，同時也包含不說話的藝術。荀子說：「說話而恰當是智慧，沉默而恰當也是智慧。」西方也有一句名言：「聰明的人借助經驗說話，而更聰明的人根據經驗不說話。」

糊塗應對，不留把柄

主管宣布了一份新的業績考核制度，對薪資進行了一個很大的改革，引起了公司業務部不小的譁然。業務部裡的人為此議論紛紛，多數叫好，少數人反對。正在大家踴躍各抒己見之時，主管走了進來。大家頓時閉上嘴，各忙各的。主管當然知道這些人在討論什麼，他想藉由這個機會整治那些反對他的人。

於是，他當著大家的面，問資歷最淺的小趙：「小趙，對於新的業績考核，大家的觀點怎樣？」

「經理，有的贊成，有的反對。」小趙回答。

「哦？那妳的態度是……」主管設下了圈套。

「經理，我贊成同事們的觀點。」小趙不卑不亢地避開了陷阱。

小趙的回答很高明，我們現在分析一下她的高明之處。首先，在小李問「大家的觀點怎樣」這個問題時，小趙選擇了基本如實的彙報，即「有的贊成，有的反對」。但她沒有畫蛇添足地具體說明「多數贊成」和「少數反對」。她如果說得太具體了，勢必招來反方的怨恨。接下來，面對主管設下的圈套「妳的態度是……」小趙更是不敢怠慢。我們姑且不論她的態度如何，總之不論她答「贊成」還是「反對」，都會招來一些同事的怨恨。所以，她將模糊語言進一步發揮，用「我贊成同事們的觀點」輕易地化解了危機。

也許有人會擔心，這樣的回答會不會惹惱主管？我想這個擔心是多餘的，聰明的人誰都喜歡，何況作為業務部門，更需要這種人才。而且，小趙的閃躲，絲毫不影響主管的想法與計畫。主管有了這個開頭，就可以發表自己的觀點了。

雖為糊塗應對，但資訊傳達得清晰明確，這才是糊塗應對的要義。

避實就虛，曲徑通幽

在我們日常的工作與生活中，我們也可以學習故意「裝傻」的說話方式。

例如在酒吧裡，一個身高很高的先生正詢問一個正要出門的先生：「您好，請問您是藍斯頓先生嗎？」對方回答：「不，我不是。」身高較高的先生聽了，一副非常高興的樣子：「您不是的話我就放心了，我是藍斯頓，你頭上的帽子是藍斯頓的。」哈哈，原來是對方出門時拿錯帽子了！這種生活中的小插曲，被真正的藍斯頓恰好地演出了一場喜劇。

從上面的例子我們不難看出，糊塗是一項多麼有效的武器。既可以將敵人「殺」得丟盔棄甲，又可為生活添加趣味十足的調料。

醒時三分醉，這是一種糊塗處世之道。在清醒的時候保持著幾分醉意，就會有些東西可有可無：清醒的時候保持著幾分醉意，就有倖免於鉤心鬥角、爾虞我詐的紛爭之中，得以保全完整的心靈和軀體。

拒絕他人，言辭謹慎

身為社會人，我們要遵循的做人原則之一是樂於助人。但並不是每個人都有時間、能力、精力，總是去樂於助人的。想做個有求必應的好好先生並不容易，人們的要求永無止境，往往是合理與不合理並存，如果你不好意思說「不」，輕易承諾了自己無法履行的職責，將會帶給自己更大的困擾和溝通上的困難。

喜劇大師卓別林曾說：「學會說『不』吧！那你的生活將會變得更美好。」是的，說「不」的確能替自己省很多事。但這個「不」不是一個字那麼簡單。對別人的請求，簡單的一個「不」字，很容易為自己貼上不近人情、冷酷的標籤，並導致你的人際關係受損。

「不」的意思一定要表達出去，因為我們不能一輩子就做別人手裡的魁儡和木偶。我們需要自己的時間與空間來發展自己。那麼，如何巧妙一些，既表達了「不」的意思，又不至於讓人際關係陷入冷漠？

我們在此提倡一種叫做「糊塗式」的拒絕方法。糊塗拒絕也就是委婉拒絕的意思。其大致常用的方法有四種。

一為條件應承法。條件應承法，顧名思義，是帶有條件的應承。你要我做什麼可以，但是有一個前提。舉個例子，莊子當年尋人借錢，一開口便索要三百兩金子！好友聽了，這麼多啊，不借。不借是不借，但人家拒絕得非常有水準。好友說：「好，過段時間我要去收租，如果能夠收齊，就借你三百兩金子。」這話聽上去是應承了，但裡面透露出含意，隱藏了條件，留足了退路。透露了什麼資訊呢？我現在不借，不借的原因是手裡不寬裕，要收了租才有。隱藏什麼條件呢？如果能夠將租金收齊。留足了什麼退路呢？一是要過段時間，二是如果沒有收齊租金的話不借。莊子是多麼聰明的人，聽到此回覆也沒有辦法。

在運用條件應承法時，要注意條件的設定，要與別人的請求有密切關係，方才說得過去。比如別人向你借錢，你說好，等太陽從西邊出來吧。這是什麼？太陽從哪邊出來和借錢有什麼關係，再說太陽也不可能從西邊出來啊。你不是存心刻薄，取笑人家嗎？

其二是推託法。人處在一個大的社會背景中，互相制約的因素很多，為什麼不選擇一個盾牌擋一擋呢？比如有人拜託你辦事，你可以以「這件事會影響到我和我的朋友，因為我們已經約好當天要外出了，可能沒辦法，不好意思。」

其三是答非所問法。答非所問是裝傻。如「此事您能不能幫忙？」再接著答：「我明天必須去參加會議。」

答非所問，婉拒了對方，對方從你的話語中感受到，他的得不到你的幫助，只好尋求別的辦法。

其四是含糊拒絕法。如：「今晚我請客，請務必光臨。」答：「今天恐怕不行，下次一定來。」

下次是什麼時候，並沒有說定，實際上給對方的是一個含糊不定的概念。對方若是聰明人，一定會聽出其中的意思，而不會強人所難了。

說了那麼多拒絕別人的方法，並不是說我們就應該拒絕一切求助。每個人的時間、金錢、資源都是有限的，對於有些請求，我們實在是沒能力或必要去硬充好漢。同時，需要提醒讀者的是，也不是所有的拒絕都要用糊塗法，事實上，有些情況下你也完全可以直接拒絕對方。要根據具體情況來選擇適當的方法。比如你的好友打電話要你陪他去逛超市，你完全可以直接告訴她：「對不起，我沒空，我要做其他事情。」不需要任何拐彎抹角，效果更好。

拒絕別人請盡量委婉，因為沒有人喜歡被拒絕；被別人拒絕一定要大度，因為拒絕你的人總有他的理由。

正話反說，話中有話

由於場合因素和人際關係等原因，對於對方的評判或反對意見，有時坦言辯駁並不合適，這時不妨採用「反話」。反話是一種正話反說、話中有話的攻心術，即用表面肯定而實際帶有反對、評判意思的話來含蓄地說服對方。

直言容易觸怒對方，特別是在封建社會，當勸諫的對象為帝王時，稍有不慎，就會惹來殺身之禍，所以有人便以「正話反說」作為一種手段。

反話進行勸諫，古書中記有許多趣話。下面這兩個故事就是很精彩的例子.

有一次，齊景公的一匹愛馬死了，齊景公非常生氣，要把看守馬廄的人處以四肢分裂的酷刑。恰好晏子在齊景公身邊，他搖手制止，對景公說：「恕臣冒昧，主公可知古時候的聖人堯舜，在將人四肢分解時，先從哪個部位開始呢？」

「從……從……」堯舜是聖人，聖人當然不可能將人處以四肢分解的酷刑。晏子故作此問，是為了制止齊景公這種專橫的行為。因此，景公一時語塞，不知如何作答，只好厲聲對左右命令：「把這個傢伙抓進牢裡。」

晏子又對齊景公說：「這人被抓進牢裡，一定感到莫名其妙，不知自己犯了何罪，下獄之前，我來向他細數罪名好嗎？」

「好！」齊景公回答。

晏子非常嚴厲地對看管馬廄的人說：「你仔細聽著，你犯了三條重罪。第一條是工作不用心，連一匹馬都沒有看護好；第二條是使主公最心愛的馬死掉了；第三條是由於主公愛馬的死，主公不得不將你處死，這件事如果張揚出去，所有輿論的責難就會集中到主公身上，諸侯聽到這個消息，也會以此為笑柄。你就是犯了這些罪，所以才被抓進牢裡，你現在聽明白了嗎？」

晏子的話，齊景公聽到了弦外之音，長嘆一聲：「放了這個人吧，別因為他使寡人背上不仁的罪名。」

晏子諫君有方，使這個無辜的看馬者免除一場災禍。

再看另外一則故事。晉平公宴請賓客，家臣送上烤肉，有一根頭髮纏在上面。晉平公立即下令把烤肉的廚師殺掉，並不准收回命令。

烤肉的廚師向天大呼說：「天啊！奴才有三條大罪，竟然死到臨頭自己還不明白啊！」

晉平公問他：「你說的是什麼意思？」

廚子回答說：「奴才所用的刀很鋒利，但是頭髮卻沒有砍斷，這是奴才的第一條死罪；用木炭烤肉，肉烤熟了，頭髮卻沒有烤焦，這是奴才的第二條大死罪。肉烤熟以後，又眯著眼睛察看了一番，頭髮繞在肉上眼睛倒沒有看見，這是奴才的第三條大死罪。猜想起來，堂下或許有暗中懷恨奴才的人吧？要殺奴才是不是太早了一點啊？」

晉平公本來就生性暴戾，而現在烤肉上又確實有根頭髮，於是憤怒地立即下令殺掉做烤肉的廚師，並宣布無可改變。一般說來，這廚師也只有死路一條了。苦苦哀求是不行的，強辯辯解若可行的話，也就不會立即下令殺人了。因為要弄清烤肉上的這根頭髮到底是怎麼來的，責任究竟在誰？畢竟並不很難，但他卻並不願做任何調查。所以據理力爭只能是火上加油。

這位廚師只得裝傻，正話反說，對天大呼自己有三大罪過，實則話裡有話。這樣一個出人意料之外的舉動自然會引起晉平公的注意，要問個清楚，從而使得這個廚師有了諫言的機會。廚師口口聲聲都在數落自己罪狀，卻無一不是在表明自己毫無罪過，實屬冤枉。因為他所列的罪狀實際上都是違背事理的，這是明理人一聽就能聽出來的。

糊塗的悔過中寄寓著強有力的辯解和說明，正話反說，聞之令人覺得奇異有趣。晉平公當然也聽出來話裡頭有話。據說晉平公聽了這番話後，主動赦免了那位廚師。

「正話反說」畢竟是一種諷刺性的表達方式，使用時要特別注意語意的輕重和火候。既不能過分隱晦，令對方不能順利領會話中的「話」，也不能火藥味太濃，以免傷及對方的自尊，引起反感，反而弄巧成拙。

巧妙的自嘲是一種處世靈丹

在日常生活中，難免會有失禮或難堪的時候，如不知怎樣調節情緒，沉著應付，就會陷入窘迫的境地。這時，如採取適當的「自嘲」方法，不但能使自己在心理上得到安慰，而且還能使別人對你有一個新的認識。

自嘲，貌似糊塗，實則是人生深厚精神底蘊的外在折光。它產生於對人生哲理高度的深刻體察，是既看到自己的不足，又看到自己長處後的一種自信。自嘲，是最為深刻的自我反省，而且是自我反省後精神的超越，顯示著靈魂的自由與瀟灑。自嘲，標誌著一定的精神境界。自嘲，也是緩解心理緊張的良藥，它站在人生之外看人生。自嘲又是一種深刻的平等意識，其基礎是，自己也如他人一樣，有可以嘲笑的地方。自嘲，還是保持心理平衡的良方，當處於孤立無援或無人能助時，自嘲可以幫自己從精神枷鎖中解脫出來。

能自嘲的人，心胸不會狹窄，提得起，放得下，以一種平常恬靜的心態去品味與珍藏生活中的酸甜苦辣．去參透與超越人世間的利祿功名，從而獲得瀟灑充實的人生。

第十二章　要糊塗，但不要一塌糊塗

要糊塗，但不要一塌糊塗。

深知糊塗之用途的人，其內心是明白的。他們之所以糊塗，是因為看清了、看透了、明白了，聰明到了極致，在俗人的眼裡貌似糊塗而已。

在糊塗與清醒之間，在糊塗與聰明之間，隨時隨地都要注意掌握應有的分寸，即知道自己何時該聰明，何時該糊塗。該糊塗的時候，一定要糊塗；而該聰明、清醒的時候，則不能夠再一味地糊裡糊塗，一定要聰明。

特別是大事當頭，切莫糊塗！要抓住機遇去飛躍，這樣才能使糊塗有所價值。這也就是所謂的「糊塗一世，聰明一時」。

糊塗要有底線與原則

我們在前言中說過，糊塗如一個紙燈籠，「明白」是其中燃燒的燈火。強調的是糊塗在外、明白在內，而一個人若內外皆糊塗，只不過是一個毫無用處的紙燈籠而已，沒有火光在裏頭燃燒，舉著它也無法照亮前路。

因為內心有明亮的燈火，所以知道哪些路可以走，哪些路不可以走。這樣，才有自己做人的原則與行事的底線。人生要有些糊塗，但糊塗是有原則有底線的，不涉及到是非黑白的事情一概可以閉眼過去，但觸到了原則和底線，你還裝傻什麼？都被逼到懸崖了，你還能裝傻？

經常看著那些本居高位卻淪為階下囚的政治人物或企業負責人，在法庭上的痛哭以及懺悔：「我是一時糊塗啊。」這種所謂的「一時糊塗」，正應了「聰明一世，糊塗一時」，而這「糊塗一時」，足以將其一世聰明的美名毀於一旦。毫無疑問，一個人能爬上高位，能成為有名的商人，都是聰明人。這些聰明人之所以會淪落到一敗塗地，都是因為失去原則、沒有底線。

一個人如果沒有原則，不講原則，一旦放縱起來，就會不加節制。那麼到底什麼是做人的原則與行事的底線呢？法律層面的自然無須多說，遵紀守法是作為一個人最基本的要求。除此之外，你還要守住「道德的底線」。也許有人會認為道德本來就是一個很模糊的概念。儒家認為，「德」包括忠、孝、仁、義、溫良、恭敬、謙讓，道家則以為所謂天地萬物之自然為「道」，而各種事物所得之自然為「德」。宋明理學家把「德」稱作是實行某種原則，有所得於心。各種概念繞來繞去，容易把人弄得頭昏眼花，也許用下面這個小例子更能說明問題。

丈夫總是把襪子亂丟，喜歡從牙膏中間擠牙膏，弄丟家中的鑰匙，更經常呼朋喚友來家吃喝玩樂，卻很少幫忙善後，還自稱豪爽大方、不拘小節……如果這位妻子能夠做到懶得計較，心情不好時當沒看見，心情好時為他收拾殘局。那麼，這位妻子足以稱得上是「賢妻」了，糊塗的功夫修練到了初級階段。

這世上有這麼好的賢妻，丈夫卻未必有那麼「賢慧」。若妻子做錯了一點小事，其丈夫可能就暴跳如雷，妻子懶得理他，丈夫卻糾纏上了妻子。

從這個例子裡開始去想一想，你做人的原則是什麼？行事的底線在哪裡？哪些可以不去計較？哪些又必須寸土不讓？

心裡一定要明白，糊塗才有意義。否則，一旦進入無原則無底線的一塌糊塗，既害人又害己。

糊塗做人，聰明做事

人生百態，難免世事紛擾，這時我們要以糊塗的態度去對待，這就是所謂的出世。生而為人，要做事謀生，積極主動地用有限的人生去造就更大的成就，這就是所謂的入世。出世與入世的態度聚於一身，看似矛盾，其實卻是一種矛盾的統一，一種互補，一種和諧。二者不可廢棄，更不能顛倒。

做人糊塗一些，做事聰明一點。一味地糊塗，就是糊塗透頂了；只知道聰明，則難免落入世俗爭鬥。只有將「糊塗」與「聰明」進行有效地結合，該進則進，當出則出，行止有度，屈伸合拍。

舉例來說，主管派你隨一個團隊外出談判。在談判過程中，你運用自己的最大智慧，發揮得十分出色，為最佳談判結果立下了功勞。事後當然要慶功，並論功行賞。這時的你，就應該顯得格外「糊塗」。不但不要主動去爭功邀賞，對於送到手裡的利益也宜先推讓幾分，實在推不掉再謙卑地收下。這不是虛偽，如果你是老實且明白事理的人，就知道不管你個人發揮了多大的力量，最後的成績應該是整個團隊的，你只是其中的一分子，盡到了自己該盡的義務罷了。明白了這一點，你就不得不在論功行賞中做到糊塗。

而有些人做的卻是相反，做起事來糊塗，做起人來聰明。什麼意思呢？就是做事沒有能力也懶得出力，做起人來卻精明計算。沿用上面的例子的話，就是一個在談判中沒有發揮多大作用或者說甚至發揮了負作用的人，卻在論功行賞中費盡機巧，唯恐自己吃虧。這樣的人，完全稱得上一塌糊塗。

糊塗做人，聰明做事。困難面前不讓，功勞面前不爭。

小事迷糊，大事明亮

在本書開頭，我們提到過一位叫北宋時期的大臣呂端，他在朝廷當官時被人詆毀卻裝作沒聽見。這位呂端，是歷史上很有名的人物。他被人津津樂道的是「小事糊塗，大事不糊塗」。「諸葛一生惟謹慎，呂端大事不糊塗」，這副對聯出自於明代思想家李贄之手，意在借諸葛亮和呂端的為人行事之風以自勉。諸葛亮掌軍理政之謹慎，史家有共識。呂端的「大事不糊塗」，或許知其詳者不多。《宋史．呂端傳》，宋太宗想以呂端為相，不同意者說呂端糊塗，太宗卻認為「端小事糊塗，大事不糊塗」。何謂「小事糊塗」？無非是在不關涉原則大道、只涉及個人利害得失的問題和事情上，不斤斤計較，大抵有所謂盛德若愚之風。

呂端在小細節上展現糊塗的例子有很多。諸如不滿呂端的人四處散布他的謠言，呂端知道後的態度是：我行我素，但求心中無愧，不理會謠言漫天。再如，他和名臣寇准同列參知政事之職，且排名在前，呂端主動提出「請居准下」。不久呂端升任宰相，「恐准不平，乃請參知政事與宰相分日押班值印，同升政事堂」。這正是他「小事糊塗」的一面。何謂「大事不糊塗」？就是在關係朝廷大政方針的問題上，堅持原則，是非分明，有捨我其誰之概。有這些事實，加之平時呂端臨朝很少高談闊論，難怪有人認為呂端是個糊塗人。

不過呂端只不過是小事糊塗罷了，遇到大事絕不會糊塗。我們來看是如何在大事上不糊塗的。

李繼遷叛宋，在西北部邊境上屢次騷擾。宋軍在與李的交戰中，俘虜了李的母親。太宗準備在邊境上大張旗鼓地把人質殺掉，以效儆尤。呂端找到太宗面前說了一些道理，大意是殺了李繼遷的母親反而會讓他以後更加仇恨、放肆，而善待其母則既立了美名又能讓李今後投鼠忌器。太宗連連說對，並稱讚道：「多虧了你，我幾乎誤了國家大事。」後來，李母病逝，李繼遷攻打的時候中箭身亡，李的兒子歸順宋朝。呂端的高瞻遠矚收到了很好的效果。

宋太宗病危時，內侍王繼恩擔心有才能的太子繼位妨礙其專權，同李皇后等奸臣合謀，等太宗咽氣就發起政變，另立太子。太宗一駕崩，李皇后就命王繼恩召見呂端。呂端覺察到可能有什麼變故，就叫手下把王繼恩鎖在自己府中，派人加以看管，不許他出入。然後急見皇后，力勸李皇后不要改立太子。李皇后見王繼恩被囚禁了，也只得答應。在商議太子登基的時間問題上，呂端毫不猶豫地說：「先帝立太子就是為了今天，現在先帝棄天下而走了，我們怎能做違背先帝之命的事情呢，對於這種事關國家前途命運的大事，不能有什麼異議。」當天就把太子迎上了皇位，免得夜長夢多。

可見在小事上糊塗，有柔、有寬、有退；在大事上不糊塗，有剛、有嚴、有進。剛柔相濟，寬嚴並用，進退得當，才能有利於大局，幹成大事。也可以這樣說，在小事上糊塗一些，更有助於看明白、想清楚、做成功大事。

在小事上容易計較的人，實際上很不幸。他們大多非常貪婪，過多的欲望沉重地壓在心頭，因而沒有一點快樂。在生活中應該「大事清楚，小事糊塗」，意即對原則性問題要清楚，處理要有準則，而對生活中非原則性的小事，不必認真計較，生活中的種種矛盾很難避免，如果一個人遇事總是過分計較，一味地追究到底，硬要討個「說法」，煩惱和憂愁便會先於「說法」而來，久而久之，不利於身心健康。

心胸開闊些，眼光長遠點。遇到小事「糊塗」一些，讓人一分，能使矛盾化解，使緊張的氣氛變得輕鬆愉快．生活在祥和的環境與氣氛中，人自然輕鬆愉快、坦然、安然和悠然。

感恩可不能有半點含糊

我們在第九章裡說過「施恩宜忘」這一話題，在這裡，作者將和你探討「受惠銘記」。這兩者相輔相成，缺一不可。

韓信年輕時，在家鄉時生活潦倒，經常挨餓。有一次，飢餓難耐的韓信到城外的河裡釣魚，但半天過去都沒有收穫。一位在河邊洗衣的婦人很同情他，主動拿糧食給他吃。韓信非常感激，說：「我將來富貴了一定百倍地回報妳！」婦人聽了卻很生氣，說：「大男人不能養活自己，我同情你才請你飯吃，不指望你的報答！」

多年以後，韓信被劉邦封為「楚王」，封地就在家鄉。他回到淮陰，到處尋找當年請他吃飯的老婦人，報答「一飯之恩」。可惜婦人已故，但「一飯千金」的故事成為了千古佳話。

「受惠銘記」其實就是要懂得感恩。對於感恩，華人文化裡自古就有「滴水之恩，當湧泉相報」、「誰言寸草心，報得三春暉」、「投我一木桃，報之以瓊瑤」、「恩欲報，怨欲忘，報怨短，報恩長」的經典警句，不就正好反映了古人對感恩的認同和推崇嗎？現實生活中，父母的養育之恩，老師的教育之恩，社會的關愛之恩，朋友的幫助之恩，如此等等，照樣需要感恩。獻給他人一束鮮花，自己首先嗅到的是花的芳香。

或許，大多數人也是如我們前面所說的「施恩宜忘」，沒有對你存回報之念頭，但這並不意味著你可以不用感恩。感恩，是做人的基本品德，也是人性和人的高貴之處，更是一種處世哲學，是對自己、對別人和社會的關係的正確認識。沒有或缺少對人的感恩，是道德的一種失落，是靈魂的一種褻瀆，是人格的一種屈辱，說直白一點是「不識好歹」。

在大山的深處，有一對相愛的年輕戀人。女孩家境較好，男孩則是十多公里外一個鄉村的孤兒，家中一貧如洗。兩人的戀情被女孩的家長得知後，女孩的母親找到了男孩的家，搬了一張椅子在他的家門口罵了三天三夜，誰也無法勸阻。

男孩無奈，只得走出深山，外出求發展。出門在外的艱辛自不必多提，多年以後，男孩擁有了一家工廠。他一直單身，單身的原因不是經濟問題，而是心裡總是放不下昔日的戀人。剛出社會的前幾年，因為日子一直過得窮困潦倒，不好意思回到家鄉，也覺得沒臉去見昔日的戀人。後來隨著事業慢慢發展，也因為時間久遠而心生猶豫：「她嫁了嗎？一定嫁人了吧？」

男孩此時已經快要三十歲了，於是在猶豫之中，時間又過去了幾年。

三十多歲的男孩，終於在事業完全步入正軌後，冷靜地梳理了自己的感情。他決定回．家，去解決自己的難言之隱。

於是，在鄉村道路上，看到一輛急馳的跑車。剛到女孩家時，男人還沒有停車就看到了女孩的身影。女孩還是那個女孩，沒有嫁人；男人還是那個男人，沒有娶人。後來的情節發展自然是皆大歡喜。值得一提的是，女孩的母親對男孩一再賠不是，男孩卻說：「不，我理解您當時的心情，誰不希望自己的孩子找一個好人家呢？同時，我要感謝您，是您讓我有了今天，也是您為我生養了您的女兒——我心愛的妻子。」是啊，沒有岳母，他哪會走到社會？即使走到了社會，哪會有勇氣去闖？最重要的是，若沒有岳母，哪裡有他心愛的女孩？

說完之後，男人轉身對妻子說：「還有，我要感謝妳，感謝妳在我一貧如洗時看上我，是妳的愛給了我莫大的勇氣與毅力。」

這是一個略帶憂傷的喜劇。類似的劇情在我們生活中其實經常上演，只是有的演成了喜劇，有的演成了悲劇。其中的細微差別往往是——你是否有一顆感恩的心？——一個有感恩之心的人，看待問題不會偏激，想事情不會光顧自己。這樣的人，優雅而又成熟。

記得成功學家安東尼曾說過這樣的一句話：「人要獲得成功，第一步就是先要存有一顆感恩的心，感激之心」。是的，會感恩的人才會贏得別人尊重、愛護與幫助。一個人也只有學會感恩，才算是學會了做人。否則，一個人要是不知好歹，甚至把人家的好心當作理所當然，你怎麼指望他會以愛心、以負責任的態度去面對父母、家庭、同學、同事、朋友、單位和社會呢？

我們談了那麼多的糊塗，在感恩這一課上，卻不可以用半點含糊與糊塗的態度來學習。如果一定要說糊塗，那就是基於感恩基礎之上，對其他細枝末節上的忽略與糊塗。

從感恩出發，從謙卑做起。感謝肯定你的人，因為他承認了你的實力；感謝否定你的人，因為他激發了你的能力。

附錄

《省心錄》中的糊塗密碼

《省心錄》的作者是北宋著名詩人林逋。林逋所謂的「省心」，也隱含了糊塗之意。在西湖之孤山，林逋編出共計一百六十個條列的《省心錄》，把孤潔的靈魂凝結成一絲悠遠的沁香，穿過一千多年的歲月，依舊吸引著無數的視線。

林逋是一個很有意思的人，博學多才，愛自由，喜恬淡。他最著名的恐怕是名句「疏影橫斜水清淺，暗香浮動月黃昏」，以及「梅妻鶴子」的自詡。

讀《省心錄》，適合在清靜的地方泡一杯香茗。掩卷自省，頗多受益。在這裡，筆者擇選其中一些條目，在翻譯成白話的同時，添加閱讀者——筆者的感悟。同樣的文字，或許各人有各人的感悟，作者希望自己的感悟能起到拋磚引玉的作用。

【省心錄】（節選）

【原文】

禮義廉恥，可以律己，不可以繩人。律己則寡過，繩人則寡合，寡合則非涉世之道。故君子責己，小人責人。

【意譯】

禮義廉恥可以用來要求自己，但不可以用來要求他人。用之要求自己則能使自己少犯過失，用之要求別人則難以與人和睦相處，難以與他人相處就不合乎處世之道。所以君子只會嚴格要求自己，小人則對他人求全責備。

【感悟】

道德是用來規範自己，而不是用來指責與約束別人的。對他人的過錯宜糊塗，對自己的過錯要清醒。

【原文】

為善易，避為善之名難；不犯人易，犯而不校難。涉世應物，有以橫逆加我者，譬猶行草莽中，荊棘之在衣，徐行緩解而已，所謂荊棘者，亦何心哉！如是則方寸不勞，而怨可釋。

【意譯】

做好事容易，做了好事而推託好名聲就難了；不冒犯他人容易，冒犯了他人而不被計較就難了。為人處世，如果遇到別人無理蠻橫對待自己，要像走在灌木叢中，荊棘勾住了衣服，只需要放慢腳步小心地撥開就可以了，畢竟荊棘也不是存心為難你！這樣一來便能做到心中不勞累，同時也不至於結下仇怨。

【感悟】

與其結怨，不如解怨；與其解怨，不如不結怨。將仇怨了結於萌芽狀態，是最佳的糊塗之道。

【原文】

責人者不全交，自恕者不改過。自滿者敗，自矜者愚，自賊者害。多言獲利，不如默而無害。

【意譯】

喜歡責備別人的人難以維持與別人的交情，喜歡原諒自己過失的人難以改正錯誤。驕傲自滿的人必定失敗，自我炫耀的人愚蠢透頂，自我傷害的人必然害已害人。多說話而得到好處，不如沉默而不受傷害。

【感悟】

大智若愚，大辯若訥。言多壞事，沉默是金。

【原文】

務名者害其身，多財者禍其後。善惡報緩者非天網疏，是欲成君子而滅小人也。禍福者天地所以愛人也，如雷雨雪霜，皆欲生成萬物。故君子恐懼而畏，小人僥倖而忽。畏其禍則福生，忽其福則禍至，〈傳〉所謂「禍福無門，惟人所召」也。

【意譯】

一味追求名聲的人必然會危害其自身，一味斂財的人必然會給後代帶來災禍。行善作惡遲遲得不到報應，並不是上天疏忽大意，而是上天想成全君子而滅掉小人。災禍和福祉是上天用來表示慈愛之心的手段，就像雷、雨、雪、霜一樣，都是為了滋養萬物。所以君子因害怕災禍而心存敬畏，小人因心存僥倖而忽視福祉。君子因害怕災禍來反而會招來福祉，小人因忽視福祉反而會招來災禍，這就是《左傳》中所說的「禍福沒有定數，全由各人自招」。

【感悟】

凡事莫求滿，月滿則缺，水滿則溢。始終要保持對人、對物、對生靈、對大自然的一顆敬畏之心。

【原文】

必出世者，方能入世，不則世緣易墮；必入世者，方能出世，不則空趣難持。

【意譯】

必須心存出世者的輕靈超脫，才能在滾滾塵世中獲得幸福，否則的話很容易受到塵世的各種利誘糾纏而使自己迅速墮落；必須有入世者的深刻體驗，才能出世；否則的話很容易讓人生變得空虛無聊而難以把持。

【感悟】

做人於世外，做事於世內。就像臘梅開在深山幽谷或名苑勝地，皆不卑不亢、傲霜鬥雪，綻放著自己的美麗。一味地「出世」，未免太「消極」了；光知道「入世」，則難免落入世俗爭鬥之巢臼。只有將「出世」與「入世」進行有機地結合，該進則進，當出則出，行止有度，屈伸合拍。

【原文】

士君子盡心利濟，使海內少他不得，則天亦少他不得，即此便是立命。

【意譯】

靠正規管道謀生的人總是致力於做有益於他人和世界的事，使自己成為世人所需要的人，上天自然也離不開他，如此做法才是一個人安身立命的最佳方法。

【感悟】

做一個有益於他人、有益於社會的人，他人與社會也會「有益」於你。

【原文】

如今休去便休去，若覓了時了無時。

【意譯】

只要現在能夠停下來休息，那麼就立刻停下來休息；如果要等到一切事情都辦妥時再停下來，那麼這樣的時刻永遠也不可能等到。

【感悟】

只要你願意，人生有你永遠也做不完的事情。在不停的攀登過程中，你是否忽略了休息，忽略了一路的美景？胸懷大志，拚命地去努力實現本來是一種很好的事，但是過於辛苦地投入，就會失去愉快的心情和爽朗的精神。人若失去了愉快的心情和爽朗的精神，還有什麼生活的樂趣呢？因此，不妨適時給自己放一個假，體會一下身邊的幸福。

【原文】

事有急之不白者，寬之或自明，毋躁急以速其忿；人有切之不從者，縱之或自化，毋操切以益其頑。

【意譯】

遇到急切之下弄不清楚的事情，應當適當緩一下，或許事情在不久之後就自然而然地真相大白了，不要操之過急，那樣會使當事人在急躁、惱怒中失去判斷；有的人急切之下任你怎麼勸都不聽從，不妨隨他的性，不去勸他，或許他能在今後慢慢醒悟，不必要採用強制手段逼迫他聽從，那樣只能激發他的叛逆心理，使他更加冥頑不靈。

【感悟】

操之過急，最生是非。用力太猛，抵觸更強。遇事隨和一點、隨便一些；水落，石自然會出來。

【原文】

人勝我無害，彼無蓄怨之心；我勝人非福，恐有不測之禍。

【意譯】

別人勝過我，沒有什麼害處，因為這樣的話，別人不會在他們的內心深處積下對我的怨恨；我勝過別人，不一定是什麼好事，因為這樣的話，那些心胸狹窄之人恐怕會暗算我，給我帶來災禍。

【感悟】

「人勝我」雖讓他人心理平衡，但處處讓人勝有點卑微；「我勝人」雖然讓自己心理平衡，但容易引起他人嫉妒。如何平衡：做人適宜「人勝我」，做事何妨「我勝人」；位高不自詡，位低莫自卑。

【原文】

士君子貧不能濟物者，遇人痴迷處，出一言提醒之；遇人急難處，出一言解救之，亦是無量功德。

【意譯】

善良高尚的人在貧窮而沒有能力去用物質幫助別人時，遇到別人有迷惑犯傻的地方，能用一句好話來提醒他們；遇到別人有著急和作難的地方，能用一句好話來解救他們，那麼這同樣是功德無量。

【感悟】

幫助他人不必要一定非要用物質，只看你有沒有助人之心。被人幫助並不一定要看是否給了多少看得見的東西，只看你是否有感恩之心。他人迷茫之時，指一條路；他人痛苦之際，一個關切的眼神，都是莫大的功德。同樣，你在接受這些恩惠時，要懂得感恩。

【原文】

情塵既盡，心鏡遂明，外影何如內照；幻泡一消，性珠自朗，世瑤原是家珍。

【意譯】

人一旦消除對俗世中的種種貪念，心靈之鏡就會明亮澄淨。從外在關注自己的形象，不如從內部進行自我察覺；只要看破紅塵中的虛幻誘惑，自身天性就會像明珠一樣晶瑩剔透，熠熠生輝，要做世間少有的通達超脫之人，最關鍵的還是要保護好自家內心的那一份純真。

【感悟】

南北朝時期的慧能禪師有偈云：「菩提本無樹，明鏡亦非台；本來無一物，何處惹塵埃。」境界很高，作為我等非修禪之凡人，要做到此境界完全不現實。和慧能同時期的禪師神秀有偈雲：「身是菩提樹，心為明鏡台。時時勤拂拭，毋使惹塵埃。」境界雖低於前者，但對於平常人來說，更有實踐的意義。經常自我反省，擦拭蒙蔽心頭的塵埃，人生才會熠熠生輝。

【原文】

凡夫迷真而逐妄，智慧化為識神，譬之水湧為波，不離此水；聖人悟妄而歸真，識神轉為智慧，譬之波平為水，當體無波。

【意譯】

凡夫俗子迷失真性而追求虛妄，將智慧轉化為對事物的看法，就好比水中掀起波浪卻離不開水；聖人達士看破虛妄而回歸真如，將各種看法昇華為智慧，就好比波浪平息後的一潭清水，應當很好體味這種無波之水的博大精深。

【感悟】

捨棄各種小的機巧精明，真正的大智慧不張揚、不顯擺、不招搖，如一潭靜謐的水。

【原文】

常有小不快事，是好消息。若事事稱心，即有大不稱心者在其後，知此理可免怨尤。

【意譯】

人生在世，常常遇到不如意的小事，這是好兆頭，可以避免重大的禍事發生。假如每件事都稱心如意，那麼必然會在以後遇到重大的挫折。明白這個道理，就會心平氣和，不再怨天尤人。

【感悟】

經常得普通感冒的人，生重病的機率小得多。為什麼？因為經常感冒的人，透過生病提高了自己的抵抗力，同時在感冒的時候將體內的毒素排除了，不至於積少成多，且會在日常生活中更加注重保養身體。人生也是如此，一些小的坎坷既鍛鍊了你的承受力，又提高了你的能力，同時也減少了坎坷累計起來爆發的幾率。因此，我們要為自己平常所遭受的不快與不順而慶幸。

【原文】

勿以人負我而隳為善之心，當其施德，第自行吾心所不忍耳，未嘗責報也。縱遇險徒，止付一笑。

【意譯】

不要因為別人辜負我就打消行善濟人的念頭，想想我當初幫助別人時，只不過是在同情心驅使下做出的舉動，並未想著要別人報答。至於說遇上了忘恩負義的人，不必與之計較，付之一笑罷了。

【感悟】

施恩不為圖報，忘記對別人的好，要記住的是別人對你的好。

【原文】

正人之言，明知其為我也，感而未必悅；邪人之言，明知其佞我也，笑而未必怒。於此知從善之難。

【意譯】

正直人的話，明明知道是為了我好，聽了心裡有觸動卻未必高興；惡毒小人的話，明明知道是在奉承我，但聽著十分舒服未必生氣。由此可見一個人聽取忠告是多麼難的一件事。

【感悟】

忠言逆耳利於行，猶如良藥苦口利於病。說你不好的人、教訓你的人，往往正是最關心你的人。

【原文】

面有點汙，人人匿笑，而己不知，有告之者，無不忙忙拭去。若曰：點汙在我，何與若事？必無此人情。至告以過者，何獨不然？

【意譯】

臉上有個污點，別人見了都偷偷地笑，而自己卻還不知道，一旦有人直言相告，馬上就用手拭去。如果你事後還說「我臉上有污點，跟你有什麼關係？」這就不合乎人之常情了。可是當別人指出自身的缺點錯誤時，人們的態度為何就不是這樣呢？

【感悟】

為什麼兩者的待遇不同呢？原因或許是在污點與缺點的細微差別上：臉上有污點自己拿鏡子看得見，甚至有時用手摸得著；而身上的缺點卻鮮有人拿著鏡子仔細端詳反省，經常拿無知當個性，拿魯莽當勇氣。

【原文】

事後論人，局外論人，是學者大病。事後論人，每將智人說得極愚；局外論人，每將難事說得極易，二者皆從不忠不恕生出。

【意譯】

事情過後議論別人，身在局外議論局內人，是做學問的人最容易犯的毛病。在事後議論別人，往往將聰明人說得極其愚笨；身在局外議論局內的人，往往將困難的事情說得極其容易，這兩種毛病都是由待人不忠誠、不寬容而引起的。

【感悟】

局外話誰不會說？言之鑿鑿地談論過去之事以證明自己明智，口若懸河指點別人的江山以證明自己高明，不單是只是不忠不恕，還是淺薄與無聊。

【原文】

讀古人書，與賢人交遊，最不可苟為同，又不可苟為異。二者之失，總是胸無定力，學問中便有時勢趨附，非諂即矯耳。

【意譯】

讀前人的著作，與賢能的人交往，最不可取的是輕率地表示附和贊同，也不能夠輕率地表示異議。之所以會犯這兩種過失，都是由於心中缺乏主見，做學問時就摻雜有趨炎附勢的成分，不是曲意逢迎便是虛偽與矯飾。

【感悟】

對權威不迷信、不逢迎。治學如此，處世亦然。

【原文】

人作事極不可迂滯，不可反復，不可煩碎；代人作事又極要耐得迂滯，耐得反復，耐得煩碎。

【意譯】

人在做事時絕不能夠拖延，不能夠反覆多變，不能夠斤斤計較；可幫別人做事時，卻必須要耐得住拖延、耽擱，充滿耐心。

【感悟】

做事不能夠拖拉、計較、反覆，但要受得了別人的拖延、計較、反覆。

【原文】

己所有者，可以望人，而不敢責人也；己所無者，可以規人，而不敢怒人也。故恕者推己以及人，不執己以量人。

【意譯】

自己所具備的美德，可以希望別人也具有，但是不能強求別人具有；自己聽沒有的品德，可以規勸他人具有，卻不能怪罪別人沒有。因此待人寬容的人根據自己的心理來體察別人的感受，絕不按照自己的情況來衡量別人。

【感悟】

嚴於律己，寬以待人。

【原文】

能知足者，天不能貧；能無求者，天不能賤；能外形骸者，天不能病；能不貪生者，天不能死；能隨遇而安者，天不能困；能造就人才者，天不能孤；能以身任天下後世者，天不能絕。

【意譯】

經常感到滿足的人，上天不能使其淪落貧窮；能夠做到不貪求的人，上天不能使其卑賤；能將軀體看作身外之物的人，上天不能使其患病；能夠做到不貪戀生命的人，上天不能使其死亡；能夠做到隨遇而安的人，上天不能使其困頓；能積極獎掖後進、培養人才的人，上天不能使其孤立；能挺身而出，為天下所有人以及子孫後代造福的人，上天不會使其陷入絕境。

【感悟】

順其自然，不強求、不過度、不怨恨。在順應中努力，在知足中求伸展。心境放隨和了，身段就柔和了。能進則進，當止就止，於不經意間收穫豐贍的人生。

電子書購買

國家圖書館出版品預行編目資料

人生嘛，佛系就好：太急於求成，反而容易摔跤！如果終點就在眼前，誰說一定要全力衝刺不可？ / 卓文琦，肖勝平著 . -- 第一版 . -- 臺北市 : 崧燁文化事業有限公司 , 2022.07
面； 公分
POD 版
ISBN 978-626-332-545-6(平裝)
1.CST: 成功法 2.CST: 生活指導
177.2 111010449

人生嘛，佛系就好：太急於求成，反而容易摔跤！如果終點就在眼前，誰說一定要全力衝刺不可？

臉書

作　　者：卓文琦，肖勝平
封面設計：康學恩
發 行 人：黃振庭
出 版 者：崧燁文化事業有限公司
發 行 者：崧燁文化事業有限公司
E-mail：sonbookservice@gmail.com
粉 絲 頁：https://www.facebook.com/sonbookss/
網　　址：https://sonbook.net/
地　　址：台北市中正區重慶南路一段六十一號八樓 815 室
Rm. 815, 8F., No.61, Sec. 1, Chongqing S. Rd., Zhongzheng Dist., Taipei City 100, Taiwan
電　　話：(02) 2370-3310　　傳　　真：(02) 2388-1990
印　　刷：京峯彩色印刷有限公司（京峰數位）
律師顧問：廣華律師事務所 張珮琦律師

定　　價：299 元
發行日期：2022 年 07 月第一版
◎本書以 POD 印製